RECUEIL

DE

JEUX ET EXERCICES

Pour le Développement des Aptitudes physiques

DE

LA JEUNESSE

ÉVREUX, IMPRIMERIE DE CHARLES HÉRISSEY

RECUEIL

DE

JEUX ET EXERCICES

Pour le Développement des Aptitudes physiques

DE LA JEUNESSE

PAR

Le Docteur G. LAUN

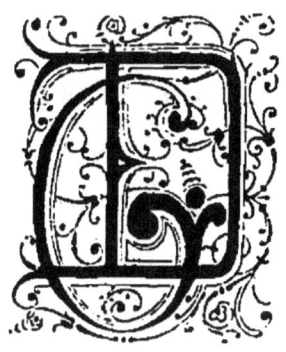

PARIS

DELARUE, LIBRAIRE-ÉDITEUR

5, RUE DES GRANDS-AUGUSTINS, 5

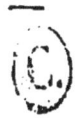

PRÉFACE

Le présent livre ne donne la description que des jeux pouvant développer les aptitudes physiques de la jeunesse.

On a cependant laissé de côté les différents jeux ou exercices qui constituent des sortes d'arts, tels que l'escrime, l'équitation, la natation, le billard, le tir, etc., etc., pour lesquels nous renvoyons aux livres spéciaux : certains jeux, très usités, tels que le lawn-tennis et le croquet ont reçu plus de développement.

Les différents jeux que nous donnons s'élèvent au chiffre de 212, c'est dire que les recherches auquel l'auteur s'est livré ont été aussi complètes que possible.

La classification, que l'on a adoptée, est nouvelle et des plus naturelles ; elle consiste à répartir les jeux entre trois grandes classes à savoir : les jeux purement d'exercice, les jeux à la fois d'exercice et d'adresse et enfin les jeux d'adresse.

JEUX DE LA JEUNESSE

PREMIÈRE CLASSE

JEUX D'EXERCICE

JEUX A COURIR

LES COURSES

La Course à pied.

Les courses à pied nécessitent un entraînement.

L'habillement doit être léger, les chaussures ne doivent pas gêner. Il est bon d'être muni d'une ceinture pour soutenir les reins et le bas-ventre.

Les courses à pied comportent des courses de vitesse et des courses à obstacles.

Le chemin à parcourir doit être de 100 à 150 mètres.

Les obstacles consistent en haies de 50 centimètres environ de hauteur.

On peut faire des handicaps, consistant à donner une certaine avance aux coureurs qui, dans les courses précédentes, se sont montrés inférieurs aux autres.

La Course aux lumières.

Les coureurs sont tous munis d'une bougie allumée et se proposent d'arriver, avant tout autre, à un but désigné d'avance.

Pour être vainqueur, il est nécessaire non seulement d'être le premier au but, mais encore d'y parvenir sans que sa bougie soit éteinte.

Course en Canards.

Les concurrents exécutent cette course en ayant les chaussures fixées à des planches dont la longueur peut atteindre 50 centimètres; ils courent alors comme des canards, d'où le nom donné à cette course fort amusante.

On peut, afin d'augmenter la difficulté, mettre sur le trajet à parcourir quelques obstacles destinés à empêtrer les coureurs, comme des poteaux horizontaux, des fossés et des haies peu élevées.

L'Imitation.

Les écoliers se mettent en file indienne. Le conducteur part à un pas plus ou moins accéléré, depuis le pas ordinaire jusqu'à la course la plus folle, et chacun doit faire ce qu'il fait, passer partout où il passe, sauter par-dessus les mêmes obstacles, etc.

Ce jeu est surtout très drôle, lorsque le conducteur a l'imagination fertile.

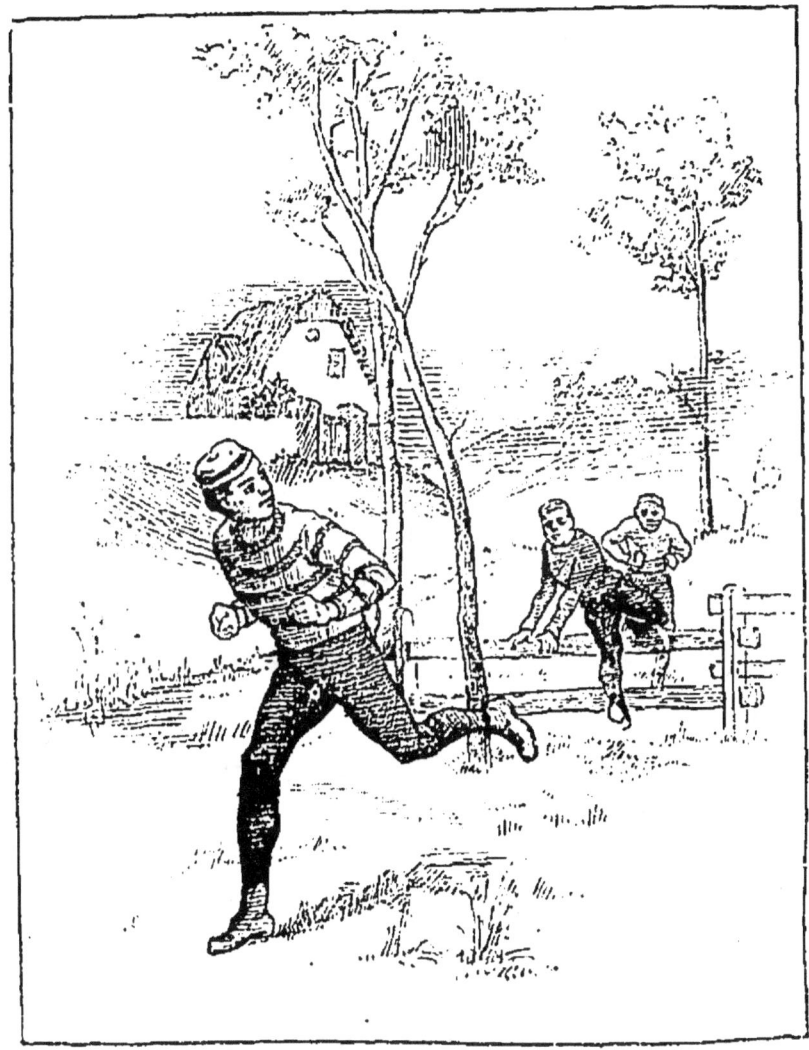

Lièvres et Lévriers.

Le jeu des « Lièvres et Lévriers » s'est joué de tout temps, en France, sous le nom de « Brigands et Gendarmes ». Il a été mis à la mode depuis huit à dix ans par M. André Laurie sous son titre actuel, qu'il n'y a aucun motif de changer.

C'est un jeu de vitesse et d'endurance à la course.

Il faut donc s'y préparer par un entrainement gra-
duel et régulier, si l'on veut se mettre en état d'y
faire figure. La course est généralement de sept à
huit kilomètres au moins, à travers champs.

I. — Le *matériel* se compose exclusivement de
trois ou quatre sacoches de rognures de papier pré-
parées à l'avance. Il est donc aussi peu coûteux que
possible. Mais une course de sept à huit kilomètres
donne bien quelques droits à un goûter substantiel :
c'est une dépense à peu près obligatoire à faire entrer
en ligne de compte.

Le *terrain* qui convient le mieux est une plaine ou
une vallée boisée et accidentée, coupée de ruisseaux
ou de fossés, voire de murs et de haies, en tout cas
d'obstacles qui augmentent la difficulté pour les coureurs et les exercent au saut en même temps qu'à la
vitesse.

Il est essentiel aussi que le point de départ puisse
être regagné par plus d'un côté et serve de point
d'arrivée. Un village, une place formée par un carre-
four, à proximité d'une auberge, convient parfaite-
ment.

II. — Quatre ou cinq coureurs, choisis parmi les
plus agiles, partent en avant avec les sacoches. Ce
sont les *lièvres*.

Ils vont semer les morceaux de papier sur leur
route, de manière à laisser une trace, — trace qu'ils
couperont de distance en distance par de « fausses
pistes », des boucles, des retours en arrière, de
manière à faire prendre le change, s'il est possible,
à ceux qui les suivent. Toutefois, ces difficultés doivent être distribuées avec discernement et discrétion,
et surtout avec loyauté, sous peine de rendre la

course impossible ou par trop difficile, et de gâter le jeu.

III. — Un quart d'heure après le départ des *lièvres*, les *lévriers* se mettent à leur poursuite.

Il s'agit, pour chaque lévrier, de suivre intelligemment la piste, de la retrouver s'il l'a perdue, de corriger sans délai toute faute commise, et en même temps de conserver une bonne allure, de ménager son souffle, enfin d'arriver le premier au but, marqué par les sacoches vides.

LES CHATS

Le Chat courant.

Dans le chat courant, un des écoliers court après tous les autres et cherche à frapper l'un d'eux. Quand il y est parvenu, c'est celui qui a été frappé qui court alors après tous les autres, et ainsi de suite jusqu'à ce que les joueurs, hors d'haleine, en aient assez et demandent à se livrer à un jeu moins fatigant.

Le Chat coupé.

Dans le chat coupé, le jeu est le même, sauf que le *patient*, c'est-à-dire celui qui court après les autres, ne s'attache jamais qu'à un seul joueur. Si, pendant qu'il court après lui, un autre vient à passer entre eux, c'est après ce dernier que le patient devra courir et le même manège peut se produire indéfiniment jusqu'à ce qu'enfin l'un des écoliers ait été atteint et devienne patient à son tour.

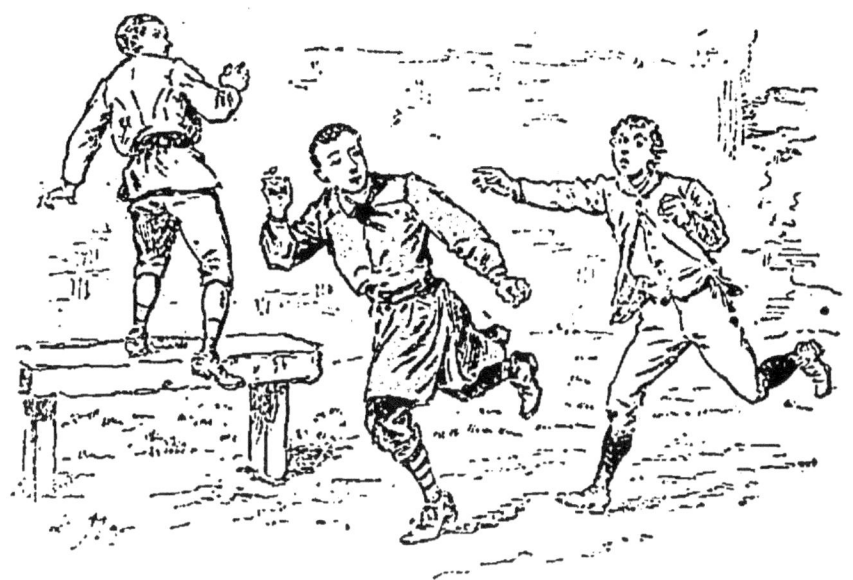

Le Chat perché.

Dans le *chat perché*, on peut se mettre à l'abri de la poursuite du patient en se perchant après un arbre, une barrière, etc., de façon à ce que les pieds ne touchent pas terre. Il y a alors à craindre, si l'on n'est pas bien accroché, que le patient ne monte la garde auprès de vous, en dépit des agaceries des autres joueurs, attendant que, de lassitude, vous vous laissiez tomber à terre.

Le Chat monté.

Le *chat monté* est une variante du chat perché. Il suffit, dans le chat monté, pour se mettre à l'abri de la poursuite du patient, de se placer sur un endroit plus élevé que celui où il se trouve lui-même ; on peut donc se réfugier sur une marche d'escalier, une grosse pierre ou tout autre objet ayant quelque élévation.

Le Chat baissé.

Dans le *chat baissé*, on se gare en se baissant
complètement, et rien n'est plus amusant que de voir
le patient s'évertuer à frapper les joueurs qui, à tour
de rôle, se lèvent et se baissent, suivant que le patient
s'éloigne ou se précipite.

———

DIVERS

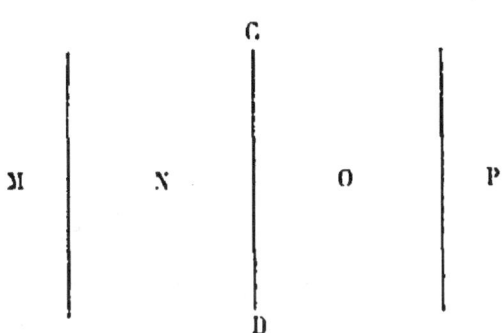

La Passe.

On joue à la *Passe* en traçant trois raies parallèles longues et le plus espacées possible.

Sur la raie du milieu C D se tiennent deux *gardiens*, dont la mission est de prendre tous les autres. Ceux-ci se placent soit en M, soit en P. Ceux qui sont en M se proposent d'aller en P et ceux qui sont en P d'aller en M. Mais dans le parcours de ces trajets, les gardiens cherchent à les prendre au moment où ils passent la ligne CD et qu'ils se trouvent soit en O, soit en N.

Le jeu se termine quand les gardiens ont pris tout le monde.

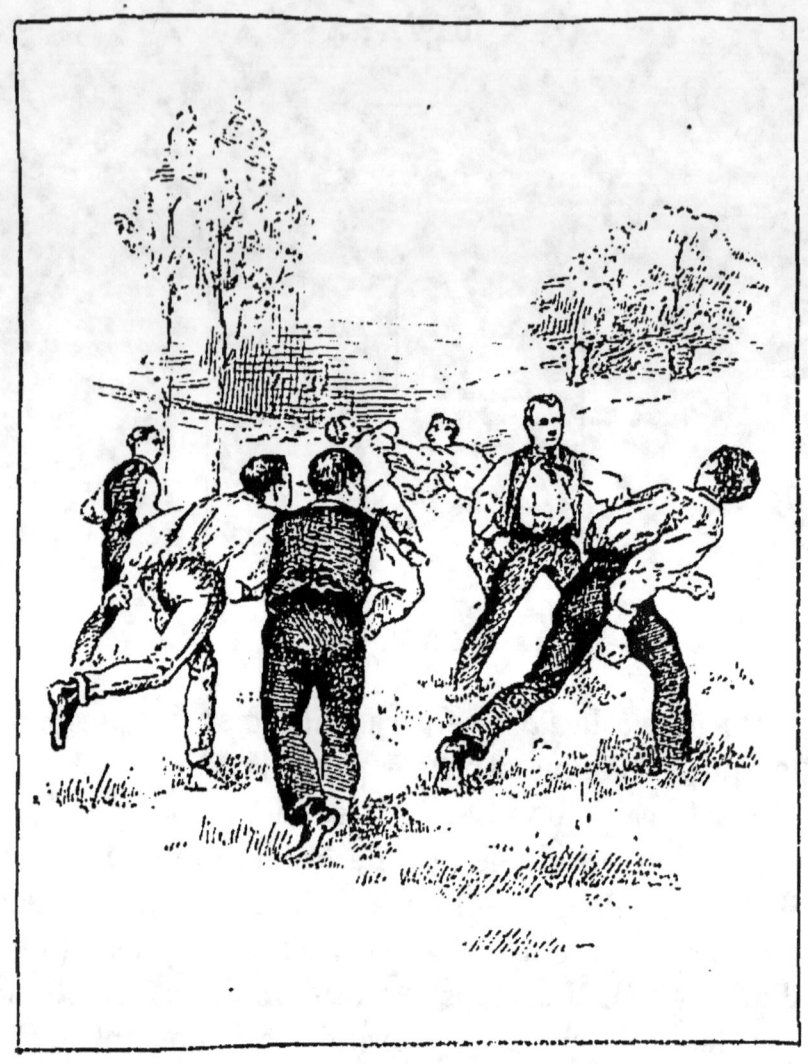

L'Epervier.

L'*épervier* ressemble à la passe, seulement les écoliers ne forment qu'un seul parti allant d'un camp dans un autre et pouvant être pris dans l'intervalle qui les sépare. Tout le monde doit courir en même temps au cri : *en chasse*, poussé par les deux éperviers.

Tous ceux qui sont pris forment deux chaines qui s'allongent au fur et à mesure que l'on fait des prisonniers. Ces chaînes ont pour objet d'empêtrer les coureurs et de permettre aux éperviers de les prendre.

Le Berger.

Un des joueurs est désigné pour être berger ; il court après tous les autres et le premier qu'il prend devient son chien. Avec l'aide de ce dernier, il s'évertue alors à prendre successivement tous les autres, réduits à l'état de moutons récalcitrants.

Quand tous ont été pris à l'exception d'un seul, le jeu recommence et c'est ce dernier qui fait l'office de berger.

Le Loup.

Cinq ou six enfants se tiennent par leurs habits l'un derrière l'autre ; en tête est le bélier, en queue l'agneau et entre les deux sont les moutons. Un autre joueur est le loup qui doit chercher à s'emparer de l'agneau en dépit des efforts de tous les autres qui gênent ses tentatives.

Quand l'agneau a été pris, il devient loup et le précédent loup bélier. Le jeu continue jusqu'à ce que tout le monde ait été loup à son tour.

Les Brigands.

Les enfants jouent aux brigands et aux gendarmes en se partageant en deux camps. On prend un adversaire en le frappant dans le dos. Les gendarmes qui sont pris deviennent des voleurs et réciproquement.

Les uns ou les autres sont déclarés vainqueurs quand ils ont réussi à prendre un nombre déterminé de joueurs de l'autre camp.

Les Voleurs.

Trois enfants font l'office de gendarmes ; tous les autres sont des voleurs. Les uns et les autres ont leur camp particulier. Tous les voleurs qui sont pris sont amenés dans le camp des gendarmes et les autres voleurs font leur possible pour les délivrer en trompant la surveillance du gendarme qui les garde.

Les voleurs prisonniers doivent se toucher les uns les autres pour pouvoir être tous délivrés ; la délivrance s'effectue quand un voleur, venant de l'extérieur, réussit à les joindre sans être touché par le gendarme gardien.

Le Cache-Cache.

Deux camps. Un but.

L'un des groupes de joueurs se cache, sans que l'autre regarde, puis crie : *Fait !*

Les trimeurs cherchent alors à débusquer les adversaires et à les toucher ; ceux-ci, au contraire, cherchent à toucher le but qui doit être dégarni de trimeurs.

Si deux des cachés réussissent à revenir au but sans avoir été touchés, le jeu recommence avec les mêmes trimeurs, sinon les rôles sont intervertis.

La Cligne musette.

Dans la cligne musette, un enfant se met à la recherche de tous ses camarades qui se sont cachés à qui mieux mieux.

Celui qui arrive à être déniché aura, à son tour, à chercher les autres.

La Vise.

Deux partis : l'un doit trimer et l'autre se cacher.

Pendant que les joueurs de ce dernier parti se cachent, les trimeurs, réunis dans un camp, doivent avoir le dos tourné et ne pas regarder.

On convient d'un signal pour indiquer que la cache est terminée ; ce signal donné, les trimeurs commencent leurs recherches. Si l'un d'eux reconnaît un des cachés, il s'écrie : *vise...* en ajoutant le nom de celui qu'il a reconnu. Ce dernier cherche alors à toucher l'un des trimeurs, qui tous regagnent le camp à toute vitesse. Il en est de même de tous les autres cachés non reconnus, qui, aussitôt qu'ils ont compris qu'un des leurs était reconnu, se mettent à la poursuite des trimeurs.

Si l'un de ceux-ci est pris, le jeu recommence dans les mêmes conditions, sinon, ce sont les trimeurs qui, à leur tour, vont se cacher.

Il n'est pas nécessaire qu'un des cachés ait été reconnu pour qu'il se mette à la poursuite des trimeurs, il peut le faire dans toute occasion qui lui semble favorable.

Les Animaux.

Les écoliers nomment deux des leurs qui seront,
l'un le diable, l'autre le fermier.

Cela fait, le diable s'avance et entre dans l'enceinte : « Je suis le diable et je voudrais un animal.
— Lequel? répond le fermier. » Le diable nomme
alors certains animaux et quand il a prononcé un des
noms donnés, l'écolier, qui y correspond, s'échappe
en contrefaisant le cri de cet animal. Le diable se
met alors à sa poursuite et cherche à l'attraper;
l'autre fait ce qu'il peut pour lui échapper et rentrer
dans l'enceinte. S'il y réussit, le jeu recommence, et
ledit animal doit changer de nom, sinon, le joueur
pris par le diable l'aide, au coup suivant, à saisir un
autre animal, et ainsi de suite, chacun des joueurs
pris venant en aide au diable. — La partie se termine quand le diable a pris tous les animaux.

La Souris.

Un certain nombre de joueurs se tiennent par la
main et forment un cercle; ce sont les chats.

Un autre joueur qui est la *souris* tourne autour
d'eux, et, au moment qu'il juge à propos, en frappe
un de la main et se sauve en passant entre les intervalles des joueurs, qui doivent avoir soin de tenir les
bras levés. Le chat, qui a été touché, se met à la
poursuite de la souris et doit passer exactement par
les mêmes intervalles. S'il ne peut y parvenir, il
reprend place dans le cercle et la souris continue son
manège. Quand un chat finit par attraper la souris,
il est souris à son tour.

Les Quatre-Coins.

Ce jeu est pour les deux sexes et pour tous les âges.

Quatre arbres, autant que possible en carré, et cinq joueurs. Quatre de ces derniers sont chacun à un arbre et le cinquième, qu'on appelle le *pôt*, se tient au centre. Les quatre premiers cherchent à changer d'arbre deux à deux et le dernier fait tout son possible, profitant de la vacance momentanée qui se produit, pour s'emparer d'un de ces arbres. Le joueur, qui a laissé prendre sa place, devient pôt à son tour et le jeu continue de la même façon que précédemment.

Trois c'est trop; deux c'est assez.

Les joueurs, en nombre quelconque, se placent deux par deux sur une même circonférence, tous tournés vers le centre, à l'exception de deux.

Ceux-ci, qui sont en dehors du cercle, se conduisent comme suit :

L'un doit chercher à se soustraire à la poursuite de l'autre et la course commencera à un signal donné. Le premier se précipite dans le cercle, se met devant un des couples et s'écrie : « Trois c'est trop. » Aussitôt le troisième du groupe doit crier : « Deux c'est assez, » et s'échappe poursuivi par le même joueur que précédemment. Et le jeu continue d'après les mêmes règles. Quand un joueur a été pris, c'est lui qui doit courir après les autres.

LES BARRES

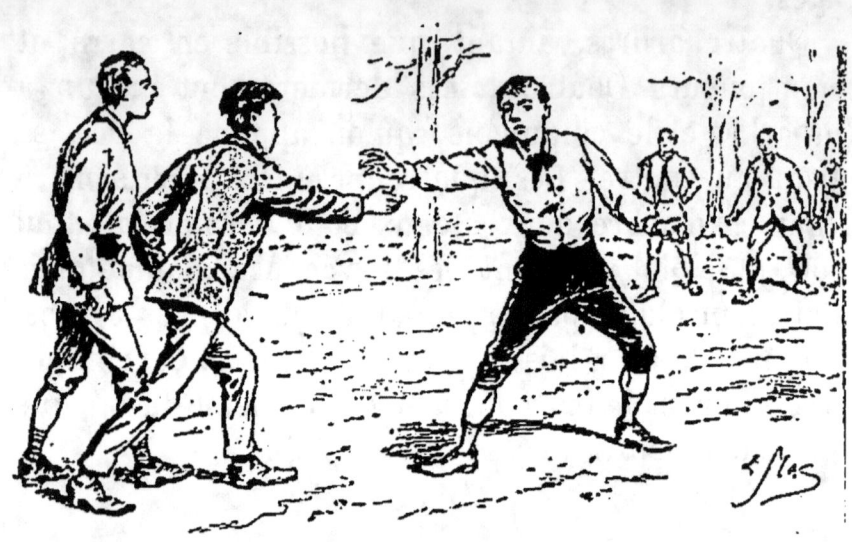

Les Barres.

Voilà un des jeux qui présentent le plus d'attrait aux écoliers.

On se partage en deux partis composés chacun de cinq à sept personnes; quand on est davantage, le jeu devient embrouillé.

Chaque parti établit son camp en traçant une raie sur le sol et les deux raies doivent être distantes de trente à quarante mètres.

On tire au sort le parti qui doit *engager*.

Ce dernier détache un des siens qui va au camp ennemi, désigne l'un de ceux qui le composent et lui frappe trois fois dans la main.

Au troisième coup, il se sauve, poursuivi par l'adversaire.

Un de ses partisans sort du camp pour le soutenir et court après ce dernier.

Le même manège est suivi alternativement par chaque camp. On a barre sur l'un des ennemis quand on est sorti du camp après que lui-même est sorti du sien et, dans ce cas, si l'on vient à le toucher, on crie : *pris*, et il est prisonnier. A ce moment la partie s'arrête.

Le prisonnier va au camp ennemi, fait trois pas vers son camp et attendra qu'on vienne le délivrer en le touchant.

Celui qui a pris le prisonnier va au camp ennemi engager, comme il a été dit précédemment, et la partie continue de la même façon.

Quand on réussit à aller dans le camp ennemi, on devient inviolable, mais, quand on voudra en sortir, on pourra être poursuivi.

Les prisonniers s'ajoutent aux prisonniers et on convient que la partie est perdue par le parti qui se trouve être réduit à un nombre indéterminé de joueurs.

Il va sans dire que celui qui va engager ne peut pas délivrer les prisonniers avant d'avoir pris barre à son camp.

Le jeu de barres exige non seulement une grande vivacité, mais encore des feintes, du sang-froid et du coup d'œil.

Les Barres forcées.

Les barres sont un jeu auquel on doit se livrer en hiver, car on y prend un fort exercice.

La prise des prisonniers a pour effet de forcer ceux-ci à l'immobilité, ce qui peut avoir des désagréments pour la santé.

Pour les éviter, on admet quelquefois que tout prisonnier passe au service du parti ennemi; de cette façon plus d'immobilité forcée et la partie a l'avantage de se terminer plus rapidement, car il arrive quelquefois qu'au jeu ordinaire, avec la délivrance répétée des prisonniers, la partie n'en finit pas.

Cette modification porte le nom de *barres forcées*.

Les Barres à campagne.

Aux *barres à campagne*, on peut jouer un très grand nombre.

Une personne, appartenant à l'un des partis se met à courir en criant *campagne!* et l'un de ceux du camp opposé se met à sa poursuite; un du premier parti court après ce dernier, et ainsi de suite alternativement un de chaque camp.

En résumé, chacun se poursuit et est poursuivi par un autre.

Au bout d'un certain temps, tout le monde rentre aux camps.

Le parti vainqueur est celui qui a fait le plus grand nombre de prisonniers.

Les Barres à la médiane.

Dans les *Barres à la médiane*, les deux camps sont sur la même ligne et séparés par une grande ligne perpendiculaire appelée *médiane*.

Les règles sont les mêmes que pour le jeu de barres ordinaire.

La personne, qui va engager au camp ennemi, ne peut être poursuivie que par celle qu'elle a engagée, tant qu'elle ne traverse pas la médiane ; mais, cette traversée faite, elle peut être poursuivie par toute autre.

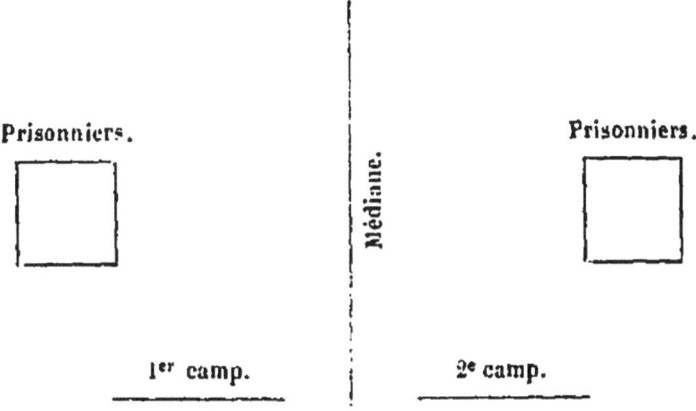

Prisonniers.   Prisonniers.

Médiane.

1ᵉʳ camp.   2ᵉ camp.

Les Barres continues.

Les règles sont les mêmes qu'aux barres ordinaires.

Les camps sont disposés comme dans les barres précédentes, mais il n'y a plus de médiane.

On n'engage qu'une seule fois, et le jeu se continue sans interruption.

On ne délivre les prisonniers qu'un à la fois et on est obligé de se sauver en le traînant par la main, au risque d'être pris.

Il est nécessaire qu'il y ait des juges de la partie, afin de régler, séance tenante, toutes les difficultés et contestations qu'il peut survenir.

LES GARUCHES

Les écoliers appellent *garuche* un mouchoir roulé en anguille.

La Mère Garuche.

On tire au sort en commençant afin de déterminer celui qui doit remplir le rôle de *mère Garuche*.

Celle-ci trace l'emplacement de son camp et les autres joueurs se répandent de tous côtés.

A un moment donné, elle s'écrie : « La mère Garuche sort du camp ! » et se met à courir après tout le monde, en essayant de toucher quelqu'un avec les deux mains réunies ensemble. Quand elle y est parvenue, celui qui a été touché se précipite vers le camp et peut recevoir au passage des coups de garuche de tout le monde.

A sa seconde sortie, la mère Garuche est accompagnée de celui qu'elle a touché précédemment, il est devenu son *enfant;* tous deux se tiennent par la main et cherchent, ainsi unis, à attraper quelque autre, qui aussitôt touché par la mère rejoint le camp dans les mêmes conditions que tout à l'heure.

A la troisième sortie, la mère est accompagnée de deux enfants, et ainsi de suite jusqu'à ce que tous les joueurs aient été pris.

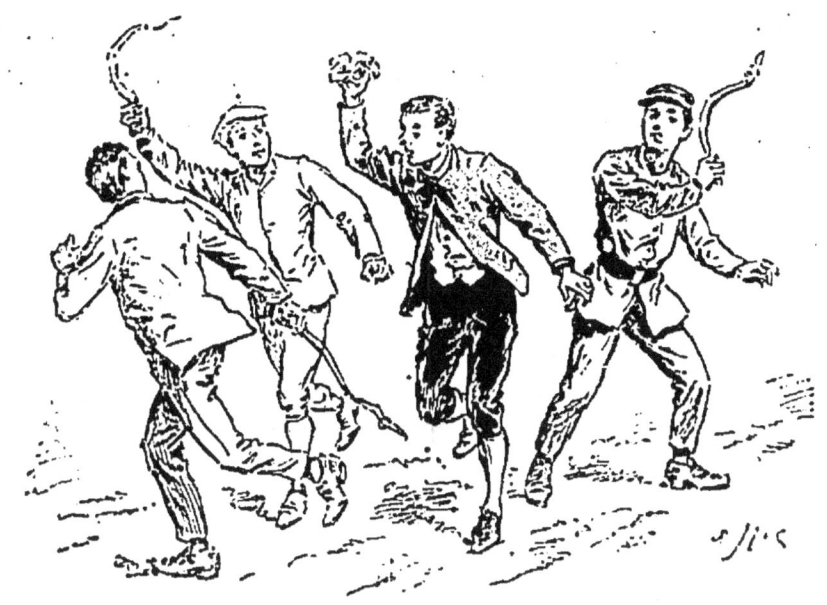

La Mère Garuche à cloche-pied.

Dans la *Mère Garuche à cloche-pied*, tous les joueurs sont encore munis de leurs mouchoirs *roulés en anguilles*.

La mère sort du camp à cloche-pied, tenant son anguille roulée en boule. Elle cherche à la lancer contre un des joueurs et à l'atteindre. Si elle manque, elle va chercher son mouchoir en courant au plus vite et retourne au camp; pendant cette opération, tous les joueurs tombent sur elle à grands coups de mouchoirs. Si elle a touché, le joueur atteint doit rallier le camp, et on le crible pendant ce trajet de coups d'anguilles, et c'est lui qui devient mère Garuche.

Le Bonhomme.

C'est une variété de la garuche à cloche-pied.

Un des joueurs, qui remplit le rôle de *Bonhomme*,

s'écrie : « Bonhomme sort de sa maison pour aller chercher son enfant! » et il s'élance clopin-clopant, c'est-à-dire en sautant deux fois de suite sur un même pied.

Quand il a pris quelqu'un, ce dernier est reconduit au camp à coups de garuche.

Il en est de même de Bonhomme, à moins qu'il ne saute clopin-clopant.

Au coup suivant, Bonhomme annonce qu'en compagnie de son fils il va chercher sa marmite; plus tard, ce sera des carottes, le bœuf, etc.

La Garuche en cercle.

Tous les joueurs se forment en cercle, la tête tournée vers l'intérieur et les mains derrière le dos.

Un joueur, ayant une garuche en main, tourne autour d'eux et met la garuche entre les mains d'un joueur quelconque.

Celui-ci, s'en saisissant, tombe à bras raccourcis sur son voisin de droite, qui quitte sa place, se sauve et doit faire deux tours avant de la reprendre.

Celui qui est en possession de la garuche la remet, comme précédemment, entre les mains d'un autre joueur, et le jeu continue de la même façon.

Le Loup à la Garuche.

Les joueurs, sauf un, se tiennent par la main et forment une chaîne. L'un d'eux, armé d'une garuche, cherche à en frapper le dernier de la chaîne, en dépit des efforts que celle-ci fait pour le défendre.

Quand le dernier joueur a été frappé, il s'arme à

son tour de la garuche et fait le loup comme il vient d'être indiqué. Le loup précédent se met en tête de la chaine.

Sus à l'Ours.

Un cercle assez étendu dans lequel sont deux joueurs. L'un est le *maître*, l'autre l'*ours*. Le maître tient l'ours attaché à une corde.

Les autres joueurs sont en dehors du cercle et cherchent à frapper l'ours de leurs garuches. Le maître défend l'ours avec sa garuche et quand il a réussi à frapper l'un d'eux, sans lâcher la corde, alors que celui-ci avait un pied dans le cercle, c'est ce dernier qui prend la place de l'ours.

On devient aussi ours si on a la maladresse de frapper le maître d'un coup de garuche.

JEUX A SAUTER

Les Trois Sauts.

On joue aux trois sauts, en cherchant à parcourir, en trois enjambées le plus grand espace possible.

On trace pour cela une raie à partir de laquelle les distances doivent être comptées.

Les deux premiers sauts se font en ne posant qu'un pied par terre ; ils servent, pour ainsi dire, à prendre élan pour le troisième qui est de beaucoup le plus allongé et pour lequel on tombe les deux talons joints.

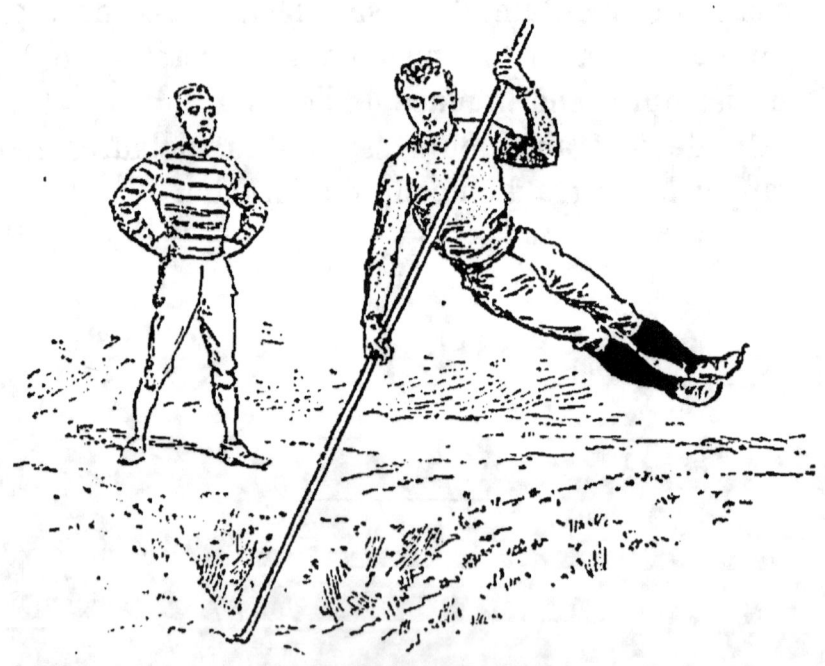

Le Saut à la Perche.

On saute à la perche en s'élançant en l'air et en

avant, de façon à parcourir un arc de cercle autour du pied de la perche.

On s'élance, le bras droit élevé, la main tenant la perche, le pouce en dessus et la main gauche un peu basse.

Une fois lancé en l'air et sur le point de retomber, on quitte la perche en se donnant le plus d'élan possible et on arrive sur le sol les pieds joints, en pliant sur les jarrets.

Le Saut du Sac.

Tous les joueurs se tiennent par la main, de façon à former un cercle, au centre duquel se trouve un sac suspendu en l'air par une ficelle.

Une des personnes qui dirige le jeu prend le sac, l'incline et lui donne un mouvement de rotation circulaire. La longueur de la corde et le rayon du cercle formé par les joueurs doivent être tels que le sac ainsi lancé puisse venir atteindre les jambes des joueurs.

Afin d'éviter le choc du sac, les joueurs doivent sauter au moment opportun ; les sauts se produisent donc successivement pour tous les joueurs, et rien n'est plus réjouissant que de les voir sauter tous à tour de rôle.

Le Saut à la Brioche.

Une brioche est suspendue en l'air par un fil fixé à une assez grande hauteur et de façon qu'au repos on ne puisse l'atteindre qu'en sautant vigoureusement.

On lui donne une forte impulsion, et les concurrents, chacun à son tour, sautent en l'air pour essayer de s'en saisir. Elle devient évidemment la propriété de celui qui a pu la prendre.

———

LES CORDES

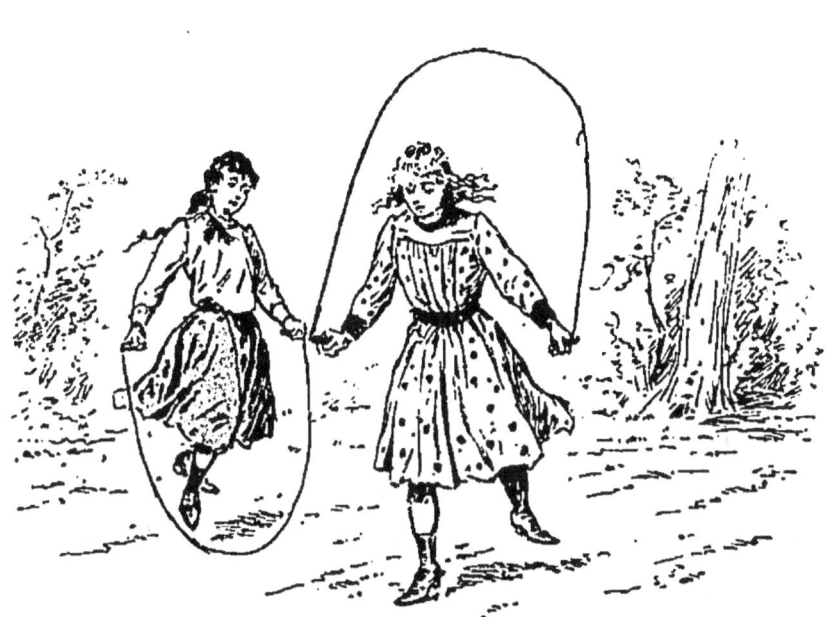

La petite Corde.

On joue seul à la petite corde. Tenant dans chaque
main l'une des extrémités d'une même corde, on fait
tourner celle-ci et on a soin de sauter chaque fois
qu'elle est sur le point d'arriver aux pieds.

On exécute ainsi divers exercices consistant à sauter sur les deux pieds, à lever successivement l'un et
l'autre pied, à croiser les bras sur la poitrine, ce qu'on
appelle *croix de Malte*, à faire des doubles et triples
tours. Ces divers exercices s'exécutent, soit en avant,
soit en arrière.

On peut se réunir plusieurs personnes ensemble et se livrer à une véritable course, en se proposant de parcourir, en sautant à la corde, une distance déterminée, dans le moindre temps possible.

La longue Corde.

Si la petite corde est un jeu solitaire, à la *grande corde*, on peut être un grand nombre.

Deux des joueurs, tenant les extrémités d'une grande corde, la font tourner, et tous les autres successivement, ou même plusieurs ensemble entrent dans la corde et se livrent à leurs ébats. Quand ils en ont assez, ils en sortent, en ayant soin de filer du côté opposé à celui où l'on tourne.

Quelquefois, on se propose seulement de traverser l'endroit battu par la corde, sans avoir besoin de sauter.

Quand une des personnes fait une faute, elle va remplacer une de celles qui tournent.

LES SAUTS DE MOUTON

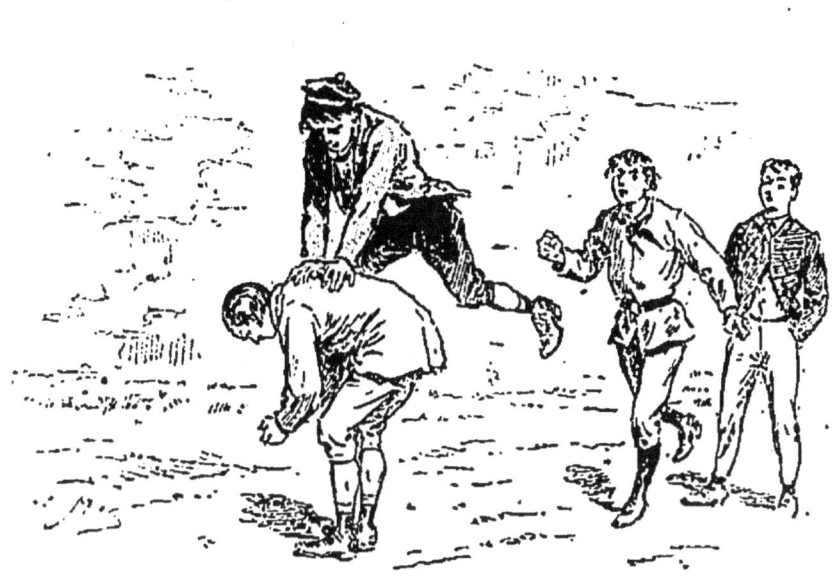

Le Saut de Mouton.

Les joueurs tout d'abord déterminent un certain ordre entre eux en sautant. Celui qui a fait le saut le plus long est le premier, puis vient le second, et ainsi de suite jusqu'à celui qui a sauté le moins loin et qui devient le *mouton*.

Une raie ayant été tracée avec du sable, le mouton se met à cette raie, se baisse, et, tous les joueurs, en suivant l'ordre fourni par les sauts, lui passent par-dessus, en appuyant les mains sur son dos.

Quand tout le monde y a passé, le mouton s'éloigne de la raie de la longueur de son pied, et le jeu recommence ; il se continue de même ; à chaque tour, le mouton s'éloignant d'une longueur de pied.

Les joueurs, jusqu'à la distance de trois pieds, doivent sauter sans *piler* sur la raie et sans poser le pied entre celle-ci et le mouton.

Par la suite, ils peuvent, afin d'exécuter le saut, faire un pas après la raie.

Après un certain nombre de tours, la partie recommence.

Si, pendant la partie, un des joueurs met le pied sur la raie ou touche le mouton avec autre chose que les mains, il prend sa place.

Lorsque la partie recommence, c'est le dernier joueur qui fait l'office de mouton.

Le Saut de Mouton à courir.

Dans le saut de mouton à courir, les joueurs se mettent en file ; le premier saute successivement par-dessus tous les autres et, quand il a terminé, il se met en posture comme les camarades. Le second, après que le premier a sauté, saute à son tour par-dessus tous les autres et s'apprête à les recevoir, et ainsi de suite. Le jeu ne s'arrête que lorsque l'on en a assez.

Il est nécessaire que les sauts se fassent sans interruption ; c'est une condition pour qu'il soit amusant.

Le Saut de Mouton à mouchoirs.

L'un des joueurs, tiré au sort, fait le mouton, et, chacun des autres, en sautant, dépose son mouchoir sur son dos. Cela fait, les joueurs sautent de nouveau dans l'ordre inverse et, en sautant, ils doivent reprendre chacun leur mouchoir.

Si, dans le courant du jeu, une faute est commise, soit qu'un joueur laisse tomber son mouchoir à terre en voulant le déposer sur le dos du mouton, soit qu'il ne retire pas son mouchoir, en prenne un autre ou en fasse tomber, le délinquant prend la place du mouton.

Le Saut de Mouton à couronnes.

Les écoliers mettent leurs mouchoirs en anguille et en forment une couronne qu'ils posent sur leur tête.

Ainsi préparés, ils sautent à tour de rôle par-dessus le mouton et lancent en même temps leur couronne en avant.

Tout joueur dont la couronne vient en rencontrer une autre devient mouton.

Les couronnes lancées, on saute de nouveau dans le même ordre que précédemment, on laisse les pieds où ils tombent et en se couchant on doit ramasser sa couronne sans déranger les autres. Si l'on ne peut y parvenir, on prend la place du mouton.

Si cet exercice a eu lieu sans anicroche, on passe à un autre qui est semblable au précédent, sauf en ce que la couronne doit être ramassée avec les dents.

Il y a encore l'exercice où, la couronne étant jetée de la tête du joueur au moment du saut, doit être rattrapée par lui avant qu'elle n'arrive à terre.

L'Omelette et l'Éperon.

Il arrive que les écoliers conviennent d'exécuter le saut de mouton en donnant *l'omelette*, c'est-à-dire en se laissant tomber sur le dos du mouton en obliquant de façon à le renverser par terre. On peut aussi donner le *coup de l'éperon*, c'est-à-dire un coup de pied sur la partie arrière du mouton en même temps qu'on saute par-dessus. Mais ce sont là des jeux à proscrire comme pouvant causer des accidents.

LES CHEVAUX FONDUS

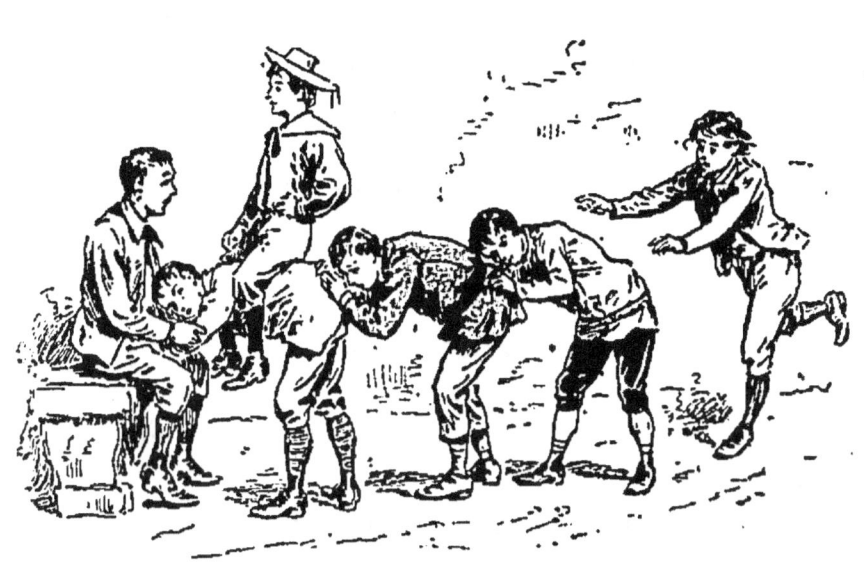

Le Cheval fondu.

Au *cheval fondu*, les écoliers se partagent en deux groupes égaux de cinq au plus. On tire au sort le parti qui formera les *chevaux* et le parti qui remplira le rôle de *cavaliers*.

Les chevaux se mettent à la file, le corps fortement incliné et appuyés les uns sur les autres, le premier prenant appui sur un écolier, qui sert d'arbitre et qui porte le nom de *mère*.

Les chevaux ainsi disposés, les cavaliers sautent dessus et se tiennent à califourchon.

Si les chevaux estiment que ces derniers sont bien

placés, ils s'affaissent et le coup recommence comme précédemment. Si, au contraire, ils estiment que l'un des cavaliers peut glisser naturellement à terre, ils tiennent bon et attendent la glissade ; après quoi, ils seront cavaliers à leur tour.

Les cavaliers doivent observer le plus profond silence, sans quoi ils prennent la place des chevaux.

Les Métiers.

Les *métiers* sont un petit cheval fondu où il n'y a qu'un seul cheval.

Celui-ci fait choix d'un métier et nomme à la mère un instrument spécial à ce métier, sans que les autres joueurs l'entendent.

Cela fait, un premier cavalier monte sur le cheval. « Quel métier veux-tu être ? » dit-il. Le cheval nomme le métier, *cordonnier*, par exemple. Le cavalier reprend : « A un bon cordonnier, il lui faut, il lui faut, il lui faut... » et il nomme un des instruments dont fait usage le cordonnier. Si cet instrument est justement celui dont le cheval avait fait choix, le cavalier devient cheval ; sinon, le second cavalier prend la place du premier et le jeu continue de la même façon, jusqu'à ce que tout le monde y ait passé.

Si aucun des instruments nommés n'est celui qu'a choisi le cheval, un autre tour commence, toujours avec le même cheval, et celui-ci changeant de métier le jeu recommence.

L'Ours.

Deux partis de six joueurs chacun environ. On tire au sort le groupe des *ours* et le groupe des *cavaliers*.

Deux circonférences sont tracées, l'une petite, l'autre plus grande, concentrique à la première. Les ours, sauf un qui est le chef, se placent dans le premier cercle en formant un rond et se tenant les bras levés sur les épaules des voisins et la tête baissée. Les cavaliers se tiennent en dehors du grand cercle.

Ces derniers cherchent à sauter sur les ours, mais si le chef de ceux-ci les frappe quand ils sont dans l'espace compris entre les deux cercles, les cavaliers deviennent ours et réciproquement.

La même chose se produit si le chef des ours touche un cavalier qui descend alors qu'il n'a pu encore sortir des cercles.

JEUX SUR PLACE

LES COLINS

Le Colin-Maillard.

Le nombre des joueurs est indéterminé. L'un d'eux, tiré au sort, a les yeux bandés avec un mouchoir et doit chercher à saisir l'un des joueurs, qui tous lui font des agaceries et lui crient : « Casse-cou » quand il marche de façon à aller butter contre un arbre ou tout autre obstacle. Quand il a réussi à prendre quelqu'un, il doit encore, en le palpant, deviner son nom, et, s'il satisfait à cette condition, c'est cette personne qui, à son tour, a les yeux bandés ; sinon, on recommence dans les mêmes conditions.

Le Colin-Maillard à la baguette.

Tous les joueurs dansent en rond autour de l'un d'eux qui a les yeux bandés et qui est armé d'une baguette. Celui-ci s'avance et touche l'un des joueurs. Ce dernier saisit l'autre extrémité de la baguette et tout le monde s'arrête. Celui qui fait le colin-mail-

lard commande alors au joueur qui tient la baguette
de répéter une phrase et celui-ci doit s'exécuter, en
changeant sa voix le plus possible, bien entendu.
Le colin doit alors tâcher de deviner à qui il a
affaire et, s'il réussit, l'autre prend sa place ; sinon, le
jeu reprend comme auparavant.

Le Colin qui a froid.

Un joueur a les yeux bandés. Tous les autres sont
munis de garuches.

On demande au colin où il a froid. Celui-ci désigne
une partie de son corps, sur laquelle alors chacun
s'efforce de frapper.

Le colin fait son possible pour toucher quelqu'un
et, quand il y réussit, ce dernier prend sa place. Le
remplacement a encore lieu lorsque le colin s'empare
d'une garuche ; le possesseur de cette dernière devient
alors colin.

Le Chien d'aveugle.

Tous les joueurs, sauf un, ont les yeux bandés et
sont armés de garuches.

Un joueur qui a les yeux libres fait le chien et se
met à aboyer ; les autres se précipitent de son côté,
cherchent à le frapper et généralement ne réussissent qu'à se battre les uns les autres.

Quand un des colins a réussi à toucher le chien de
sa garuche, il devient chien à sa place.

La Souris à la Ficelle.

Deux joueurs : l'un est le *chat*, l'autre est la *souris*. Ils sont l'un et l'autre fixés aux deux extrémités d'une petite corde d'une certaine longueur.

Le chat a les yeux bandés et doit s'emparer de la souris qui doit faire entendre un cri quelconque, sans interruption.

Ce genre de colin-maillard est fort réjouissant.

On peut y jouer un nombre quelconque ; le chat, qui a pris la souris, devient souris et est remplacé par une personne qui ne prenait pas part au jeu. La précédente souris se retire.

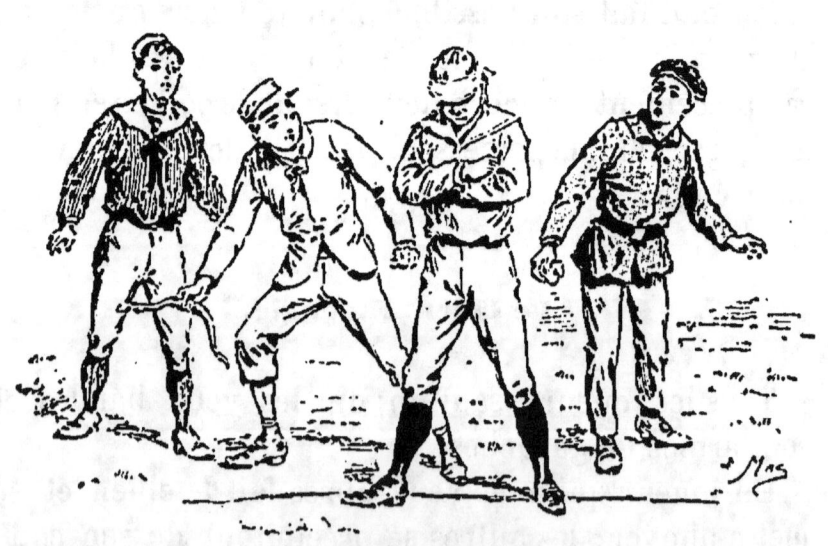

L'Hirondelle.

Un des joueurs, les yeux bandés, se poste immobile, les jambes écartées. Les autres joueurs, ayant roulé leurs mouchoirs en anguille, les lancent entre les jambes du colin. Tous les mouchoirs jetés, chacun doit se tenir auprès du sien et le colin, s'accroupissant à terre, s'efforce d'en trouver un.

Quand il y est parvenu, celui à qui appartient ledit mouchoir est tenu de parcourir un circuit déterminé, pendant lequel les joueurs lui envoient des volées de garuches.

Le même joueur remplit ensuite le rôle de colin.

———

LES JEUX DE FORCE

Les Chars.

Exercice fort amusant dans lequel un élève est traîné par d'autres dans des petites voitures à deux roues.

Le nombre des traîneurs ou chevaux peut aller jusqu'à cinq par char.

On peut instituer des courses de char à l'instar des anciens jeux olympiques.

La Chaîne.

Jeu enfantin, dans lequel quatre écoliers s'assoient par terre à la file, chacun saisissant à bras-le-corps celui qui le précède. Deux autres écoliers s'emparent chacun d'une main de celui des quatre qui est en tête, et unissent leurs efforts pour entraîner le tas. Les quatre écoliers se raidissent et se rejettent en arrière, afin de s'y opposer.

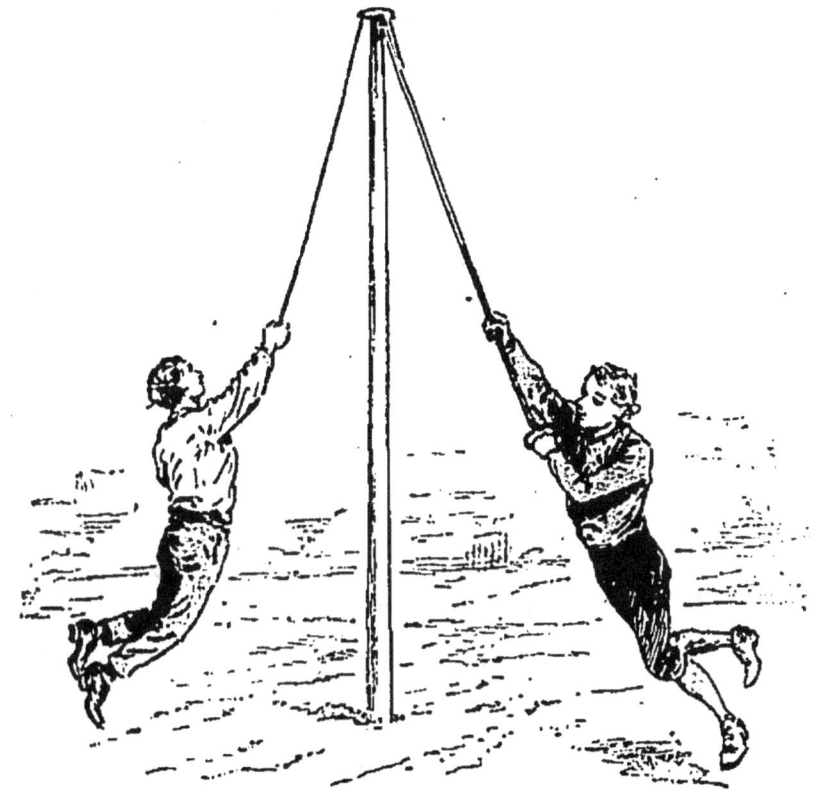

La Course volante.

La *course volante* nécessite l'emploi d'un mât
élevé, appelé *vindas*, ayant une tête pouvant tourner
horizontalement et à laquelle se trouvent fixées deux
cordes. A l'extrémité libre de ces cordes se trouvent
des poignées.

Deux personnes s'emparent de ces extrémités,
tendent les cordes et, avec les pieds, se donnent un
mouvement de rotation. Elles ont soin d'exécuter
leur mouvement avec ensemble, afin d'être toujours,
autant que possible, à l'appui l'un de l'autre. Le
mouvement est, de plus, accéléré, et, à un moment
donné, quand ce mouvement est suffisant, elles
replient les jambes et se laissent tourner, ayant

quitté terre : de temps à autre, elles se donnent un nouvel élan avec les pieds, de façon à continuer le mouvement.

Le Halage.

Les champions sont divisés en deux groupes d'égale force qui s'attellent aux extrémités d'une corde solide et tirent en sens inverse.

Le groupe qui finit par être entraîné a perdu la partie.

Le groupe vainqueur se sectionne à son tour en deux parties qui se mettent à haler de même que précédemment, et ainsi de suite jusqu'à ce qu'il n'y ait plus qu'un vainqueur, qui est proclamé *champion*.

L'Étrangle-Chat.

Deux concurrents ont chacun une sangle passée aux épaules ; les deux sangles sont réunies par une corde.

Ils se tournent le dos, se mettent à quatre pattes et chacun cherche à entraîner l'autre. Le gagnant est celui qui y réussit.

L'Assaut.

Dans l'assaut, les écoliers se proposent d'occuper un point élevé et de le défendre contre les tentatives des camarades.

Généralement, on se partage en deux camps d'égale force ; l'un occupera la position et sera chargé de la

défendre, l'autre se proposera de l'attaquer et de la
conquérir.

C'est là un jeu dont il ne faut user qu'avec modération ; il a des inconvénients dont le plus immédiat
est de mettre les effets hors de service.

Le Kroulestwo.

Les écoliers se partagent en deux groupes d'égal
nombre, qui se forment chacun en chaîne.

L'un des groupes envoie un champion vers la chaîne
adverse dans le but de la couper. Ce champion doit
arriver à ce résultat en trois tentatives, sinon il est
incorporé dans la chaîne ennemie. S'il coupe, il ramène à sa chaîne les écoliers formant le plus petit
tronçon de la chaîne rompue.

C'est ensuite à l'autre groupe à tenter la même
opération ; et ainsi de suite à tour de rôle, jusqu'à ce
qu'il n'y ait plus qu'une chaîne de trois. L'autre chaîne
a alors vaincu.

L'Infique.

Les joueurs sont munis chacun d'une *infique*, c'est-
à-dire d'un piquet pointu de 50 à 60 centimètres de
longueur. Ils font choix d'un terrain ni trop mou, ni
trop dur.

Après avoir tiré au sort l'ordre qu'ils doivent
observer, le premier joueur plante son infique en
terre ; il en est de même ensuite du second, du troisième, etc.; toutes les infiques doivent être placées à
petite distance les unes des autres.

Cela fait, le premier joueur va retirer son infique du sol et en la repiquant il essaie de déplanter la seconde ; s'il y réussit, il replante cette dernière en même temps qu'il essaie de retirer la troisième, et ainsi de suite.

Il cède ensuite la place au second joueur qui opère de même ; celui-ci est remplacé par le troisième, etc. Le gagnant est celui qui a réussi à déplanter le plus d'infiques.

LES JEUX ALTERNATIFS

La Bascule.

La *bascule* consiste en une planche appuyée en son milieu sur un objet formant pivot. Deux écoliers se placent chacun à l'une des extrémités, en se tenant à cheval ou assis. Puis un balancement est donné à la planche et il est entretenu à chaque fois que les joueurs touchent le sol de leurs pieds par un élan qu'ils se donnent.

La Poulie.

La *poulie* est un divertissement analogue à la bascule.

Deux joueurs se pendent chacun à une extrémité d'une corde passant par une poulie. La longueur de cette corde doit être déterminée avec soin.

Les deux joueurs se couchent à terre sur le dos, les pieds de l'un appuyés sur ceux de l'autre. La corde est telle que l'un étant couché complètement, l'autre est à moitié relevé.

Ils entretiennent le mouvement de façon à être élevés et couchés chacun à tour de rôle.

La Balançoire.

On sait en quoi consiste la *balançoire* ou *escarpolette*.

C'est un exercice fort agréable et grâce auquel, par les grandes chaleurs, on peut se procurer de la fraicheur.

Il faut bien observer de ne pas s'y livrer immédiatement après les repas, afin de ne pas entraver la digestion.

Il n'est pas non plus nécessaire d'exagérer le balancement; on court, en effet, le risque, dans ce cas, d'attraper un véritable mal de mer, ce qui est loin d'être agréable.

Les Chevaux à ressort.

Les chevaux à ressort sont installés de telle sorte que les cavaliers se jetant avec force en avant, puis en arrière, entretiennent un mouvement de va-et-vient de leur monture.

Un de ces jeux est installé aux Tuileries depuis quelques années et rien n'est plus amusant que de voir les garçons et les filles se démener sur les chevaux pour les faire mouvoir alternativement en avant et en arrière.

Le Coryeus.

Ancien jeu dont la grande *Encyclopédie* donne la description suivante :

« Jeu d'exercice des anciens, recommandé par Ga-
lien comme utile pour la santé.

« Le corycus consiste à suspendre par une corde à
une poutre ou solive du plancher un sac rempli de
son ou de farine, et à se le jeter de l'un à l'autre
dans un corridor étroit, ou entre deux lignes dont il
n'était pas permis de s'écarter : il fallait donc attendre
de pied ferme le sac, le renvoyer avec force contre
son adversaire et tâcher de le renverser.

« Ce jeu ne paraît pas du premier abord bien agréable ; mais apparemment qu'il y avait des circonstances qui, en multipliant les difficultés, en rendaient
l'exercice amusant. »

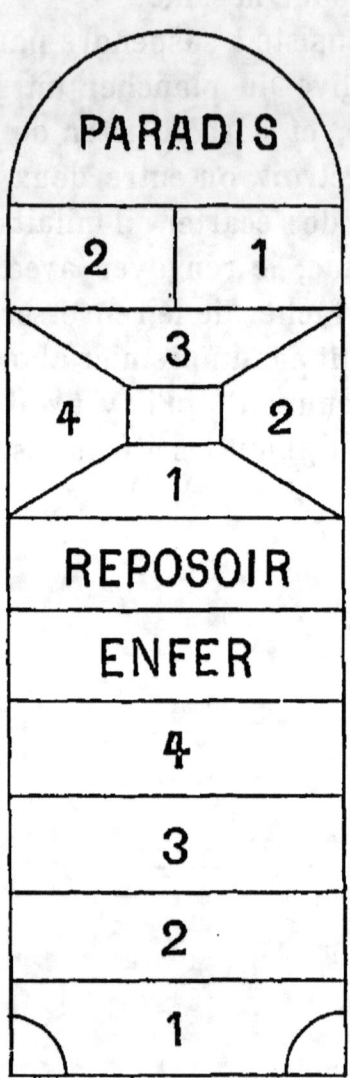

La Marelle ordinaire.

Le jeu de marelle consiste, étant à cloche-pied, à

faire parcourir à un palet les différentes divisions d'une figure particulière tracée sur le sol.

Ces figures sont variées et constituent autant de marelles différentes, mais les règles à observer sont toujours les mêmes. Le nombre des joueurs est quelconque ; il est bon cependant qu'il ne dépasse pas quatre ou cinq.

Voici comment se joue la marelle ordinaire :

On a tracé sur le sol une figure conforme au tracé ci-joint.

Les rectangles 1, 2, 3, 4 sont simplement désignés par leurs numéros. Les deux petits quarts de cercle en 1 sont appelés les *marchands de vin*. Les deux rectangles suivants sont l'*enfer* et le *reposoir*. Puis vient un grand rectangle formé de quatre trapèzes appelés *culottes*, et d'un petit rectangle central désigné sous le nom de *bouillon*. Le rectangle qui fait suite est partagé en deux parties appelées *pâtés*. Enfin le dernier cercle qui termine la figure est le *paradis*.

Quelquefois, pour simplifier la figure, on supprime le bouillon et les deux pâtés.

Les joueurs ayant tracé une raie à une certaine distance du rectangle 1 et ayant déterminé par le sort ou de toute autre façon l'ordre dans lequel ils doivent jouer, le premier joueur se place à la raie et lance le palet dans le rectangle 1 ; il s'élance à cloche-pied, pénètre dans le rectangle 1 et en fait sortir le palet par le côté inférieur. De la même façon, il envoie successivement le palet dans les rectangles 2, 3, 4 et les en fait sortir. Il agit de même à l'égard du reposoir. Il lance ensuite le palet dans la première culotte et l'en fait revenir après lui avoir fait parcourir toutes les culottes dans le sens 1, 2, 3 et 4. Cela accompli, il lance le palet dans le premier pâté, l'en fait revenir, puis dans le second pâté et l'en ramène. Enfin, il l'envoie dans le paradis et l'en expulse. Le joueur a alors satisfait au programme.

Dans l'accomplissement de ces divers exercices, on observe les règles suivantes :

Le palet doit toujours être lancé dans la case voulue, sans être en contact avec aucune des lignes. Il doit toujours sortir par le côté inférieur du rectangle 1, sans jamais effleurer les marchands de vin. Il ne doit jamais être arrêté dans l'enfer. On l'expulse du paradis en le poussant avec un des pieds sur l'autre, de façon à le mettre sur ce dernier qui le projette alors en dehors de la marelle du côté de la sortie.

Dans la marche à cloche-pied, il faut observer de ne pas changer de pied, de ne pas marcher sur les lignes et de ne pas le poser dans l'enfer, par-dessus lequel il faut toujours sauter.

A la case du reposoir, on peut mettre les deux pieds à terre.

Aux culottes, on doit toucher les deux pieds sur le sol, l'un en 4, l'autre en 2, puis on se retourne de façon à changer les pieds de place ; enfin, ou saute de nouveau de manière à avoir un pied en 3, l'autre en 1 ; on fait alors parcourir les culottes au palet.

En se rendant aux pâtés ou au paradis, on peut se reposer au reposoir, et on met les deux pieds à terre aux culottes 2 et 4. Au paradis, on met encore les deux pieds à terre.

Quand un joueur fait une faute, il cesse de jouer et le joueur suivant le remplace.

Quand un joueur revient au jeu une deuxième fois, il reprend le programme au point où il l'avait laissé.

Le gagnant est celui qui le premier arrive à accomplir tous les exercices.

Les Marelles rondes.

Les marelles rondes auxquelles on joue dans le nord de la France ont les mêmes règles que la marelle ordinaire. Le paradis est au centre et certaines divisions sont des enfers dans lesquels on ne doit pas s'arrêter.

Dans la figure ci-jointe, les cases numérotées sont celles qu'il faut accomplir ; les cases tachées sont des enfers ; enfin, la case centrale est le paradis.

Voici encore un modèle de marelle ronde, qui ne semble pas avoir d'autre qualité que la simplicité :

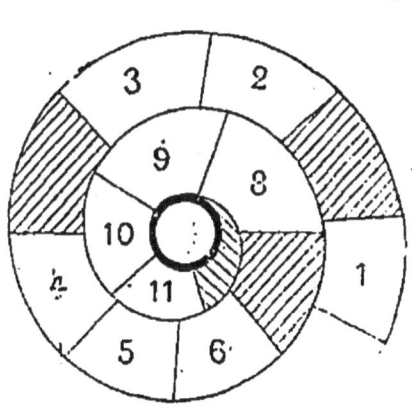
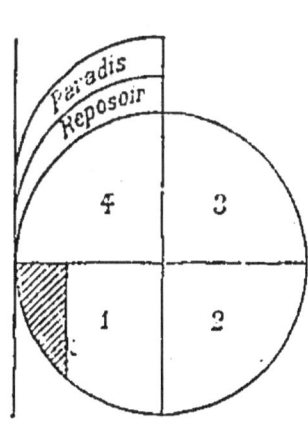

Les Marelles des Jours.

Les marelles des jours affectent diverses formes; voici les trois plus répandues.

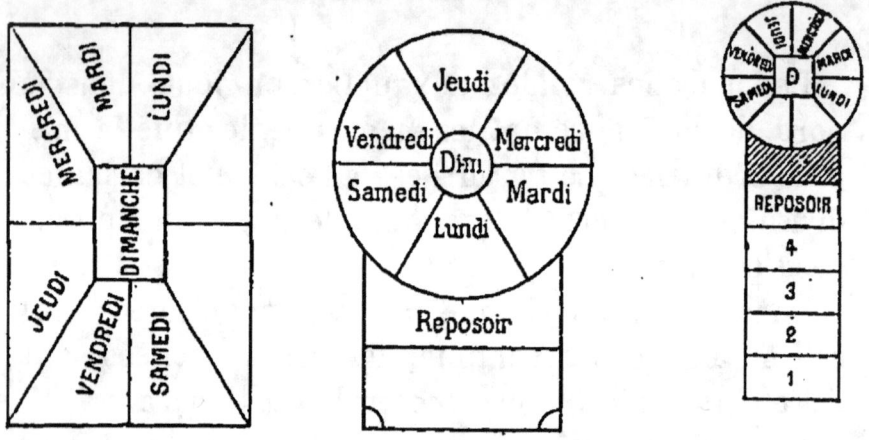

Le Chat à cloche-pied.

Dans le *Chat à cloche-pied*, le patient ne doit courir après les autres qu'étant à cloche-pied. Quand il s'arrête, il a le droit de poser les deux pieds à terre, et, alors, les joueurs peuvent impunément lui faire des agaceries.

La Course à cloche-pied.

Dans la course à cloche-pied, les joueurs se proposent de parcourir une distance donnée le plus rapidement possible, en demeurant toujours sur le même pied.

Il est clair que, dans cette course, il est formellement interdit de changer de pied pendant le parcours, sous peine d'être évincé.

Le vainqueur est celui qui a accompli le trajet le premier.

La Garuche entre les dents.

Les joueurs, tous munis de leur mouchoir en anguille ou garuche, le lancent entre leurs jambes, de façon à le faire passer par-dessus leur tête.

Tout le monde ayant accompli cet exercice, les garuches sont toutes placées parallèlement les unes aux autres.

Le joueur, dont la garuche est la plus éloignée, part à cloche-pied et passe entre les garuches par une série de zigzags. Arrivé à celle qui lui appartient, il met les deux mains à terre, en n'ayant jamais qu'un pied sur le sol, il saisit la garuche entre ses dents, revient au point de départ, toujours à cloche-pied et en sautant par-dessus les garuches sans les toucher, puis lance avec la tête la garuche derrière lui. Les joueurs accomplissent successivement ces formalités et quand ils y ont satisfait, ils sont hors du jeu. Si, au contraire, il leur arrive de fauter, ils posent leur garuche en avant de celle du dernier joueur et auront à recommencer par la suite.

Lorsque tout le monde est hors du jeu, sauf un, ce dernier est tenu de passer entre les joueurs formés sur deux rangs et reçoit au passage une volée de coups de garuche.

LES JEUX SUR DEUX PIEDS

La Course en Sac.

Ce jeu est trop connu pour y insister.

Les concurrents se mettent dans un sac qu'ils nouent autour de la ceinture ou du cou. A un signal donné, ils se précipitent vers un but déterminé et le vainqueur est celui qui y parvient le premier. Ce jeu est très amusant, surtout pour la galerie, en raison des chutes nombreuses qu'il occasionne.

L'Ascolie.

Cet exercice est ainsi décrit dans la grande *Encyclopédie* :

« C'est une outre ou une peau de bouc qu'on enflait comme un ballon, et qu'on frottait de matière onctueuse. Les jeunes gens essayaient à se tenir d'un pied sur ce ballon, ayant l'autre pied en l'air; mais leur chute excitait bientôt des risées. »

Le Baril et la Boule.

Etant donné un baril posé à terre sur le flanc, on s'élance dessus et on essaie de s'y maintenir en le faisant marcher en avant ou en arrière. Pour réussir, il est nécessaire de se tenir avec assez de raideur, tout en ayant de la souplesse, quand c'est nécessaire.

On peut aussi faire le même exercice avec une

grosse boule, et, dans ce cas, il y a plus de variété, car on peut se déplacer dans tous les sens.

Le Rouleau.

Un exercice d'équilibre très en honneur dans les foires de village est le *rouleau*.

Un long rouleau de 50 centimètres de diamètre environ porte un axe en fer suspendu entre deux poteaux et sur lesquels il peut tourner facilement.

Le but est de passer à califourchon sur le rouleau ; mais on réussit difficilement, car le rouleau tend à tourner et projette le plus souvent le joûteur par terre. On a soin pour qu'il n'y ait pas d'accident de recouvrir le sol de sacs ou de sable.

Des Échasses.

Les *échasses* constituent un exercice d'équilibre des plus attrayants.

On peut commencer à s'y exercer à l'aide d'échasses à montants, puis quand on commence à être assez fort, on se sert d'échasses fixées aux jambes.

Un jeu auquel on peut se livrer avec les échasses consiste à se mettre un certain nombre d'échassiers à la poursuite d'une personne courant à pied.

Course aux Échasses.

La course aux échasses s'exécute avec des échasses ayant toutes la même grandeur. On fait parcourir aux concurrents une certaine distance au bout de laquelle se trouve un haut poteau et ils doivent, après l'avoir contourné, revenir au point de départ, où se trouve un drapeau. Le gagnant est celui que réussit à s'emparer du drapeau.

On peut parsemer la piste d'un certain nombre d'obstacles.

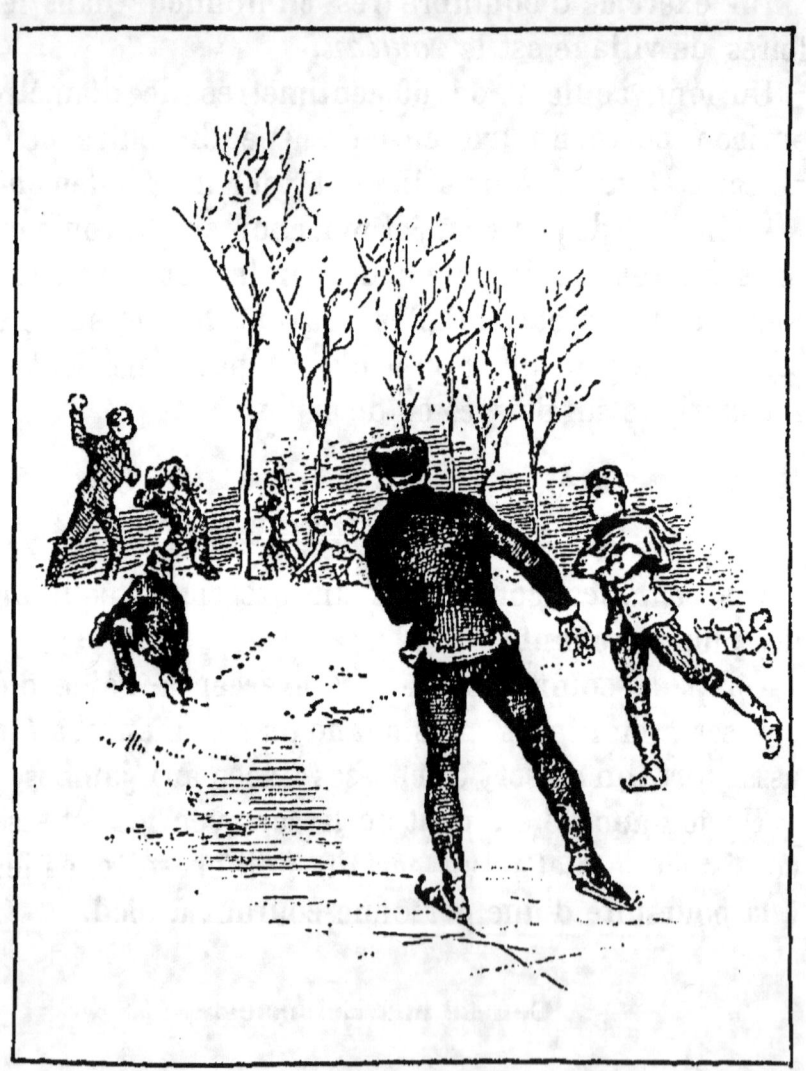

Le Patinage.

Le *patinage* est l'exercice d'équilibre le plus gracieux. Il exige à la fois de la force et de la souplesse.

Comme les jours où le temps permet de patiner sont relativement rares en France, on fera bien de s'exercer à ce divertissement pendant la belle saison à l'aide du patin à roulettes. On pourra alors, lorsque la gelée surviendra, tracer de belles arabesques sur le miroir de la glace et exciter l'admiration des nombreux spectateurs accourus pour assister aux prouesses des patineurs dignes de ce nom.

DEUXIÈME CLASSE

JEUX A PROJECTION

LES JEUX DE BALLE

La Sphéristique.

Les Anciens désignaient sous ce nom les différents jeux pour lesquels on faisait usage d'une balle.

D'après la grande *Encyclopédie* de la fin du siècle dernier, on a fait honneur de l'invention de la sphéristique à Pithus, à Nausïcaa, aux Sicyoniens, aux Lacédémoniens et aux Lydiens.

Il paraît que, au temps d'Homère, cet exercice était fort en usage, puisque ce poète en fait l'amusement de ses héros. Il était fort simple de son temps, mais il fit de grands progrès dans les siècles qui suivirent, notamment chez les Grecs. Ces peuples, s'appliquant à le perfectionner, y introduisirent mille variétés qui contribuaient à le rendre plus divertissant. Ils ne se contentèrent pas d'admettre la sphéristique dans leurs gymnases, où ils firent construire des lieux particuliers destinés à recevoir ceux ui voulaient s'instruire dans cet exercice ou donner des preuves de l'habileté qu'ils y avaient acquise ; ils proposèrent encore des prix pour ceux qui se distingueraient en ce genre dans les jeux publics. Les Athéniens, entre autres, donnèrent un témoignage signalé de l'estime qu'ils avaient pour la sphéristique, en accordant le droit de bourgeoisie et en érigeant des statues à un certain Aristonique Carystien, joueur de paume d'Alexandre le Grand et qui excellait dans cet art.

Les balles à jouer étaient composées de différentes pièces de peau ou d'étoffe cousues ensemble, en forme de sac, qu'on remplissait tantôt de plumes ou de laine, tantôt de farine, de grains de figuier ou de sable. Ces diverses matières, plus ou moins pressées et condensées, composaient des balles plus ou moins dures. Les molles étaient d'une usage d'autant plus fréquent qu'elles étaient moins capables de blesser et de fatiguer les joueurs qui les poussaient ordinairement avec le poing ou la paume de la main. On donnait à ces balles différentes grosseurs ; il y en avait de petites, de moyennes et de très grosses ; les unes étaient plus pesantes, les autres plus légères, et ces différences dans la pesanteur et dans le volume, ainsi que les manières de les pousser, établissaient diverses sortes de sphéristiques.

Il ne paraît pas que les anciens aient employé des balles de bois, ni qu'ils aient connu l'usage que nous en faisons aujourd'hui pour jouer à la boule et au mail ; mais ils ont connu les balles de verre, chose à noter en passant.

A l'égard des instruments qui servaient à pousser les balles, outre le poing et la paume de la main, on employait le pied dans certains jeux. Quelquefois, on se garnissait les poings de courroies qui faisaient plusieurs tours et formaient une espèce de gantelet ou de brassard, surtout lorsqu'il était question de pousser des balles d'une grosseur et d'une dureté extraordinaires. On trouve une preuve convaincante de cette coutume sur le revers d'une médaille de l'empereur Gordien III, rapportée par Mercurial, où l'on voit trois athlètes nus, ceints d'une espèce d'écharpe, lesquels soutiennent de leur main gauche une balle ou un ballon et qui paraît une fois plus gros que leur tête et qu'ils semblent se mettre en devoir de frapper du poing de leur main droite armée d'une espèce de gantelet. Ces sortes de gantelets ou de brassards tenaient lieu aux anciens de raquettes et de battoirs, qui, selon toute apparence, leur ont été absolument inconnus.

Ces exercices de la sphéristique, qui étaient en grand nombre chez les Grecs, peuvent se rapporter à quatre principales espèces, dont les différences se tiraient de la grosseur et du poids des balles que l'on employait. Il y avait donc l'exercice de la petite balle, celui de la grosse, celui du ballon et celui du corycus.

De ces quatre espèces d'exercices, celui de la petite balle était chez les Grecs le plus en usage et celui qui avait le plus mérité l'approbation des médecins. Antyllus, dont Oribase nous a conservé des fragments considérables, et qui est l'auteur dont nous pouvons citer le plus d'éclaircissements sur cette matière, reconnaît trois différences dans cet exercice de la petite balle, non seulement par rapport à la diverse grosseur des balles dont on jouait, mais aussi par rapport aux différentes manières de s'en servir.

Dans la première, où l'on employait les plus petites balles, les joueurs se tenaient assez près les uns des autres ; ils avaient le corps ferme et droit, et, sans quitter leur place, ils s'envoyaient réciproquement les balles de main en main avec beaucoup de vitesse et de dextérité. Dans la seconde espèce, où l'on jouait avec des balles un peu plus grosses, les joueurs, quoique assez voisins les uns des autres, déployaient davantage les mouvements de leurs bras, qui se croisaient et se rencontraient souvent, et ils s'élançaient çà et là pour atteindre les balles selon qu'elles bondissaient ou bricolaient différemment. Dans la troisième espèce, où l'on se servait de balles encore plus grosses, on jouait à une distance considérable et les joueurs se partageaient en deux bandes, dont une se tenait ferme en son poste et envoyait avec force et coup sur coup les balles de l'autre côté, où l'on se donnait tous les mouvements nécessaires pour les recevoir et les renvoyer.

On doit rapporter à l'exercice de la petite balle trois autres espèces de jeux appelés *Aporrhaxis*, *Ourania*, et *Harpaston*.

Le jeu appelé Aporrhaxis, dont Pollux nous a conservé la description, consistait à jeter obliquement une balle contre terre, en sorte qu'elle rebondît une seconde fois de l'autre côté, d'où elle était renvoyée de la même manière et ainsi de suite, jusqu'à ce que quelqu'un des joueurs manquât son coup ; on avait soin de compter les différents bonds de la balle.

Dans le jeu appelé ourania, l'un des joueurs, se courbant en arrière, jetait en l'air une balle qu'un autre tâchait d'attraper en sautant avant qu'elle

retombât par terre et avant que lui-même se trouvât
sur ses pieds ; cela demandait une grande justesse de
mouvement de la part de celui qui recevait cette
balle ; il devait, pour sauter, prendre précisément
l'instant que la balle qui retombait pût être à la
portée de sa main.

Au jeu de l'harpaston, les joueurs s'arrachaient la
balle les uns aux autres. Ils étaient divisés en deux
troupes qui s'éloignaient également d'une ligne qu'on
traçait au milieu du terrain et sur laquelle on posait
une balle. On tirait derrière chaque troupe une autre
ligne qui marquait de part et d'autre les limites du
jeu. Ensuite les joueurs de chaque côté couraient
vers la ligne du milieu et chacun tâchait de se saisir
de la balle et de la jeter au delà de l'une des deux
lignes qui marquaient le but, pendant que ceux du
parti contraire faisaient tous leurs efforts pour
défendre leur terrain et pour envoyer la balle vers
l'autre ligne. Cela causait une espèce de combat fort
échauffé entre les joueurs qui s'arrachaient la balle,
qui la chassaient du pied et de la main en faisant
diverses feintes, qui se poussaient les uns les autres,
se donnaient des coups de poing et se renversaient
par terre. Enfin, le gain de la partie était pour la
troupe qui avait envoyé la balle au delà de cette
ligne qui bornait le terrain des antagonistes. On voit
par là que cet exercice tenait en quelque façon de la
course, du saut, de la lutte et du pancrace.

L'exercice de la grosse balle était différent des
précédents, non seulement à raison du volume des
balles que l'on y employait, mais aussi par rapport
à la situation des bras ; car, dans les trois principales espèces de petite sphéristique, dont on vient

de parler, les joueurs tenaient toujours leurs mains
plus basses que leurs épaules, au lieu que, dans
celle-ci, ces mêmes joueurs élevaient leurs mains
au-dessus de leur tête, se dressant même sur la
pointe des pieds et faisant divers sauts pour attraper
les balles qui leur passaient par-dessus la tête. Cet
exercice, comme l'on voit, devait être d'un fort grand
mouvement et d'autant plus pénible qu'outre qu'on
y mettait en œuvre toute la force des bras pour
pousser des balles d'une grosseur considérable à une
grande distance, les courses, les sauts et les violentes
contorsions que l'on s'y donnait contribuaient encore
à en augmenter la fatigue.

La troisième espèce de sphéristique connue des
Grecs était l'exercice du ballon dont on sait peu de
circonstances, si ce n'est que les ballons qu'ils em-
ployaient étaient vraisemblablement faits comme les
nôtres, qu'on leur donnait une grosseur énorme et
que le jeu en était difficile et fatigant.

L'exercice du *corycus*, qui était la quatrième
espèce de sphéristique grecque, la seule dont Hypo-
crate ait parlé, consistait à suspendre au plancher
d'une salle, par le moyen d'une corde, une espèce de
sac que l'on remplissait de farine ou de graine de
figuier pour les gens faibles et de sable pour les ro-
bustes, et qui descendait jusqu'à la hauteur de la
ceinture de ceux qui s'exerçaient. Ceux-ci, prenant
ce sac à deux mains, le portaient aussi loin que la
corde pouvait s'étendre, après quoi, lâchant ce sac,
ils le suivaient, et, lorsqu'il revenait sur eux, ils se
reculaient pour céder à la violence du choc; ensuite,
le reprenant à deux mains, ils le poussaient en avant
de toutes leurs forces, et tâchaient, malgré l'impé-

tuosité qui le ramenait, de l'arrêter, soit en opposant les mains, soit en présentant la poitrine, leurs mains étendues derrière le dos, en sorte que, pour peu qu'ils négligeassent de se tenir ferme, l'effort du sac qui revenait leur faisait quelquefois lâcher pied et les contraignait de reculer.

Il résulterait, selon les médecins, de ces différentes espèces de sphéristique, divers avantages pour la santé. Ils croyaient que l'exercice de la grosse et de la petite balle était très propre à fortifier les bras, aussi bien que les muscles du dos et de la poitrine, à débarrasser la tête, à rendre l'épine du dos plus souple par les fréquentes inflexions, à affermir les jambes et les cuisses. Ils n'estimaient pas que le jeu de ballon fût d'une grande utilité, à cause de sa difficulté et des exercices violents qu'il exigeait; mais en général ils croyaient tous ces exercices contraires à ceux qui étaient sujets aux vertiges, parce que les fréquents tournoiements de tête et des yeux, nécessaires dans la sphéristique, ne pouvaient manquer d'exciter cette indisposition. Pour ce qui concerne l'exercice du corycus, ou de la balle suspendue, ils le jugeaient très convenable à la diminution du trop d'embonpoint et à l'affermissement de tous les muscles du corps, se persuadant ainsi que les secousses réitérées, que la poitrine et le ventre recevaient du choc de cette balle, n'étaient pas inutiles pour maintenir la bonne constitution des viscères qui y sont renfermés. Arétée en conseillait l'usage aux lépreux, mais le défendait à ceux qui avaient la poitrine délicate.

La Balle solitaire.

On peut jouer seul à la balle.

Dans ce cas, on a trois jeux différents à sa disposition : soit lancer la balle en l'air, contre un mur ou par terre.

Quand on jette la balle en l'air, il faut, lorsqu'elle tombe dans la main, la renvoyer de suite le plus haut et le plus verticalement possible et continuer de la sorte aussi longtemps qu'on le peut.

On fait de même quand on joue contre un mur, la balle ne touchant jamais le sol.

Enfin, dans le jeu contre terre, on renvoie toujours la balle au premier bond; ce dernier jeu exige une balle élastique.

La Balle au Mur.

On joue en deux camps, composés chacun de 1, 2, 3 ou 4 joueurs au plus.

On trace sur le mur une raie horizontale à 1m,50 environ de hauteur. On tire de même sur le sol deux lignes perpendiculaires au mur, fixant les limites du jeu; ces lignes doivent être de 5 à 10 mètres l'une de l'autre.

Un joueur jette la balle contre le mur et celle-ci doit être renvoyée contre ledit mur alternativement par un joueur de chaque camp.

Quand un joueur fait une faute, le camp opposé compte 1 point.

La partie se joue en 4 points.

Les fautes consistent : 1° à ne pas renvoyer la balle

au-dessus de la raie du mur ; 2° à ne pas la renvoyer
avant le deuxième bond ; 3° à l'envoyer en dehors
des limites du jeu. ·

Lors d'un nouveau coup, c'est toujours le camp
qui vient de gagner qui rend la balle.

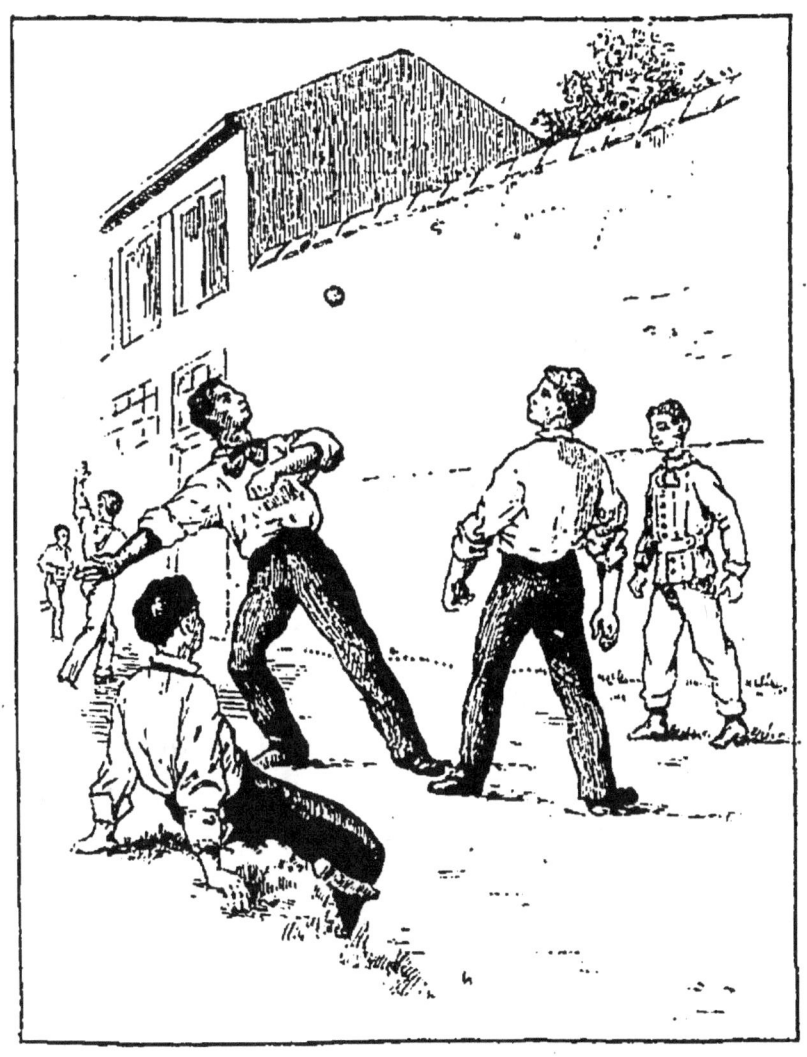

La Paume basque.

La paume basque n'est autre chose que la balle

au mur, avec cette différence qu'une raie est tracée
parallèlement et à une certaine distance de ce mur
et que la balle doit toujours être lancée de façon à
tomber au delà de cette raie.

La partie se fait généralement en 10 points.

La Déchamade.

C'est la balle au mur avec un nombre quelconque
de joueurs, jouant chacun pour soi, et d'après un
ordre primitivement déterminé par le sort.

On peut jouer avec la main ou avec le pied; la
balle doit toujours être lancée soit à la volée, soit
après le premier bond. Le joueur qui manque est
marqué d'un point. Quiconque a trois points quitte
la partie. Et celle-ci continue jusqu'à ce qu'il n'y
ait plus qu'un seul joueur, qui est proclamé vainqueur.

La Balle au Camp.

Deux camps d'égale force. On tire au sort le camp
qui devra trimer; l'autre s'installe dans un camp.

On détermine un certain nombre de buts à égale
distance les uns des autres et de telle façon que, le
premier but partant du camp, le dernier y retourne.

Un trimeur envoie la balle d'une distance d'une
dizaine de pas à l'un des joueurs du camp, celui-ci la
renvoie à la volée et court au premier but. La balle
est renvoyée de même une seconde fois et celui qui
la renvoie va encore au premier but, pendant que
celui qui s'y trouve se précipite au second but et
ainsi de suite, les joueurs du camp ayant pour objet

de parcourir successivement tous les camps et de rentrer ensuite au camp pour recommencer. Ils peuvent, s'ils en ont la latitude, parcourir plusieurs buts d'une seule traite.

Les trimeurs, de leur côté, se proposent, soit de recevoir à la volée la balle relancée, soit, l'ayant prise, de frapper un des joueurs du camp pendant qu'il parcourt l'espace compris entre le camp et les derniers buts ou entre deux buts. Quand ils y parviennent, ils vont dans le camp et le parti opposé devient celui des trimeurs.

Les joueurs du camp, quand ils rencontrent la balle sous leurs pieds, ont le droit de la renvoyer aussi loin que possible, mais il leur est interdit de la prendre avec les mains.

La Thèque.

La *thèque*, qui se joue en Normandie, a beaucoup de ressemblance avec la balle au camp.

Chacun joue pour son propre compte. Le sort détermine le rang des joueurs.

Le matériel du jeu comporte une balle et un bâton.

On établit trois buts assez distants les uns des autres.

Le premier joueur, se mettant au but de départ, prend la balle et le bâton; il lance celle-ci en l'air et d'un coup de bâton l'envoie le plus loin possible. Puis il s'efforce de parcourir tous les buts pour revenir au point de départ; les autres joueurs cherchent à s'emparer de la balle pour la lancer contre le premier joueur, pendant que celui-ci parcourt les espaces compris entre les buts.

Si celui-ci a été atteint, il prend place parmi les autres joueurs, et celui qui a lancé heureusement la balle se met au point de départ et la jette comme il a été dit précédemment.

Si le premier joueur n'a pas été atteint et a pu revenir au point de départ, il lance de nouveau la balle, et ainsi de suite.

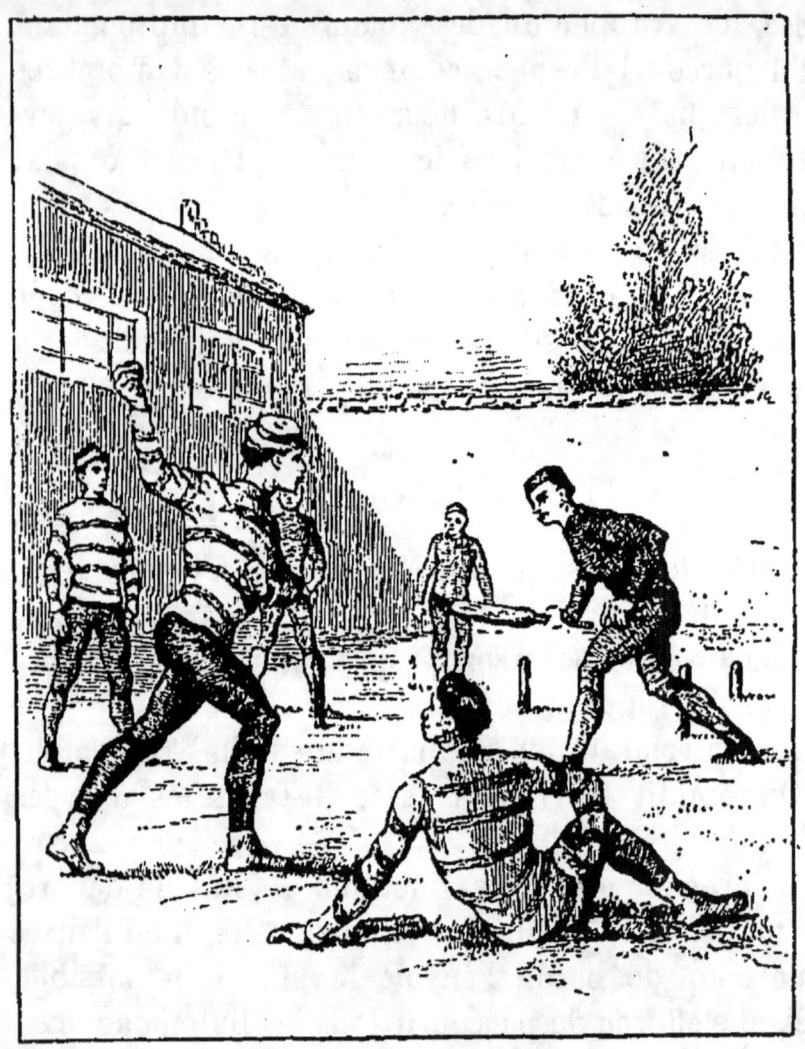

La Grande Thèque.

La *grande thèque* ressemble beaucoup à la thèque

ordinaire. Les joueurs sont partagés en deux camps.
Les buts sont au nombre de cinq et disposés suivant
les sommets d'un pentagone régulier.

La balle, au lieu d'être lancée et renvoyée par le
même joueur, est lancée par une des personnes du
camp qui trime à celle du camp opposé qui a la
butte et qui a proposé de parcourir les buts.

Le Cricket.

Le cricket est un jeu fort en honneur en Angleterre.

On le joue en deux camps.

Il y a trois instruments essentiels : une *balle en
cuir durci*, une *batte* en bois et un *guichet*. Ce dernier appareil se compose de trois piquets pointus
réunis à l'autre bout par deux traverses ; ce guichet
s'enfonce en terre et doit pouvoir être renversé par
un choc violent de la balle, les intervalles qu'il présente doivent donc être moindres que le diamètre de
la balle.

On joue quelquefois avec deux guichets, et, dans ce
cas, chaque camp compte onze joueurs. Au jeu à un
guichet, on n'est jamais moins de cinq dans chaque
camp.

Le guichet étant mis en terre, on trace vis-à-vis
une raie à une assez faible distance.

On tire au sort pour savoir quel camp sera défenseur ; l'autre est assaillant. Lorsque la première
phase de la partie sera épuisée, les rôles seront ren-
versés.

Un des défenseurs prend la batte, s'installe au guichet ; un des assaillants prend la balle et se met à la

raie. Les autres assaillants se disséminent sur la prairie ; quant aux autres défenseurs, ils restent spectateurs.

L'assaillant se propose, en essayant de tromper le défenseur, d'abattre le guichet d'un coup de balle. Le défenseur a pour mission d'écarter la balle avec sa batte. Entre la balle et le guichet, la batte seule doit se trouver, par conséquent le défenseur doit avoir le corps effacé complètement.

Si l'assaillant réussit à abattre le guichet, le défenseur est mort et cède la place à un autre de son camp. Si la balle est repoussée, le défenseur s'élance et va en courant alternativement de la raie au guichet et touchant l'un et l'autre de la batte ; il lui est compté autant de points qu'il a fait de ces parcours qu'il est obligé de cesser pour continuer à défendre le guichet.

La partie se continue de la sorte, jusqu'à ce que tous les défenseurs soient morts ; ceux-ci ont alors à leur actif un certain total de points.

La deuxième phase de la partie s'ouvre ensuite ; les assaillants primitifs, devenus défenseurs, en récoltent un certain nombre de points. Le camp qui est parvenu au total le plus élevé est le gagnant.

La Balle empoisonnée.

On joue un petit nombre de personnes à la balle empoisonnée et chacun pour soi.

L'une d'elles lance la balle en l'air en appelant une des autres personnes ; celle-ci est tenue de renvoyer la balle en l'air avant que celle-ci ait touché deux fois la terre ; elle opère ce renvoi en appelant une

autre personne, et ainsi de suite, jusqu'à ce que la
balle soit manquée.

Le joueur qui s'est rendu coupable de cette faute
pourra être appelé à subir la *fusillade*, dont on trouvera la description plus loin.

La Balle aux Pots.

On pratique un certain nombre de trous en terre
appelés *pots*. Chaque pot est affecté à l'un des joueurs.

Le tout est entouré d'un cercle qui constitue le
camp.

Un des joueurs se place à une certaine distance
fixée par une raie et lance la balle, en la faisant
rouler, de façon à la faire aller dans un des pots.
Tout le monde alors se sauve, sauf celui à qui appartient le pot, qui s'empare de la balle, et, du camp,
cherche à frapper l'un des fuyards. S'il manque son
coup, il est marqué d'un point, dont il est tenu
compte par un petit caillou mis dans son pot. S'il
touche, le joueur, qui a été atteint, est marqué d'un
point de la même façon.

Cependant, le joueur qui a été touché par la balle
peut s'en emparer et chercher à en frapper un autre,
qui peut être marqué, à condition d'avoir été atteint
en dehors du camp.

Tout joueur, qui manque, peut aussi se saisir de
nouveau de la balle et chercher à en frapper un autre.

La partie continue de la même façon et c'est le
joueur, qui vient d'être marqué, qui fait rouler la
balle.

Le premier qui est marqué trois fois est destiné
à la fusillade.

La Balle aux Chapeaux.

Les Anglais jouent la balle aux pots avec une variante. Les pots sont remplacés par les chapeaux mêmes des joueurs et la balle est lancée de façon à entrer dans l'un des couvre-chefs.

Pour le reste, on suit les mêmes règles que pour la balle aux pots.

La Balle à la Crosse.

Jeu analogue à la balle aux pots.

On établit les pots à une certaine distance les uns des autres, beaucoup plus grande que pour la balle aux pots. Chaque joueur a son pot et y tient sa crosse. Un des joueurs, appelé *rouleur*, a une crosse, mais pas de pot. Il conduit la balle avec son instrument et cherche à la faire pénétrer dans les crosses des autres joueurs ; ceux-ci la repoussent avec leur instrument, et, au moment où une des crosses quitte son pot, le rouleur cherche à y mettre la sienne. S'il parvient à s'emparer ainsi d'un pot, c'est le joueur dépossédé qui devient à son tour rouleur.

La Balle au Trou.

Les joueurs se divisent par groupes de deux associés.

Une balle est placée dans un trou et les joueurs se mettent tout autour.

Un des joueurs qui a été désigné par le sort nomme un de ses camarades ; celui-ci s'empare de la balle, et, à l'aide de son associé, fait en sorte d'atteindre un des joueurs. Si celui-ci est frappé, il agira de même que le précédent, et ainsi de suite jusqu'à ce qu'un des joueurs touchés ait manqué. Ce dernier et son associé sont alors marqués d'un point.

On recommence la partie, et c'est le joueur qui vient de manquer qui désigne un camarade.

Quand deux associés arrivent à être marqués de cinq points, on les fusille.

La Balle à la Riposte.

Les joueurs s'établissent à égale distance les uns des autres, tout autour d'un grand cercle. L'un d'eux lance la balle à l'un de ses voisins, celui-ci la renvoie de même à un autre, et ainsi de suite. La balle se promène de la sorte tout autour du cercle, d'un joueur à l'autre.

Il est nécessaire de ne pas arrêter la balle dans son parcours ; il faut la renvoyer à la volée ou après le premier bond.

Tout joueur qui a manqué la balle est marqué d'un point. Celui qui parvient le premier à avoir trois marques est fusillé par les autres.

Le Rond autrichien.

Les joueurs se disposent autour d'un grand rond et se lancent la balle. Le premier qui la manque se met à l'intérieur du cercle et envoie la balle à l'un des joueurs, qui tire alors sur lui. Si ce dernier manque, il prend place à son tour dans le rond et est traité comme le joueur précédent.

S'il touche, le même joueur continue à rester dans

le rond, à moins qu'il ait pu ramasser la balle alors qu'elle était encore dans le cercle et en frapper l'un des joueurs, qui doit alors le remplacer.

La Balle au Rond.

La *balle au rond* ressemble au rond autrichien.

Il y a encore un grand cercle, mais les joueurs étant partagés en deux camps, c'est tout un camp qui y prend place.

Un des joueurs du camp extérieur prend la balle, fait une marque à terre, accomplit en courant un tour complet et, revenu à la marque, lance la balle contre un des joueurs du cercle. Pour le reste, les règles sont les mêmes qu'au rond autrichien.

La Balle en Posture.

Dans la *balle en posture*, les joueurs s'établissent comme dans la balle à la riposte. La balle va de même de l'un à l'autre ; mais lorsque l'un des joueurs la manque, il est tenu de conserver la posture qu'il avait au moment où il a manqué, et ce, jusqu'à la fin de la partie.

Les joueurs prennent donc l'immobilité chacun à son tour, jusqu'à ce qu'il ne reste plus qu'un joueur, qui est proclamé vainqueur.

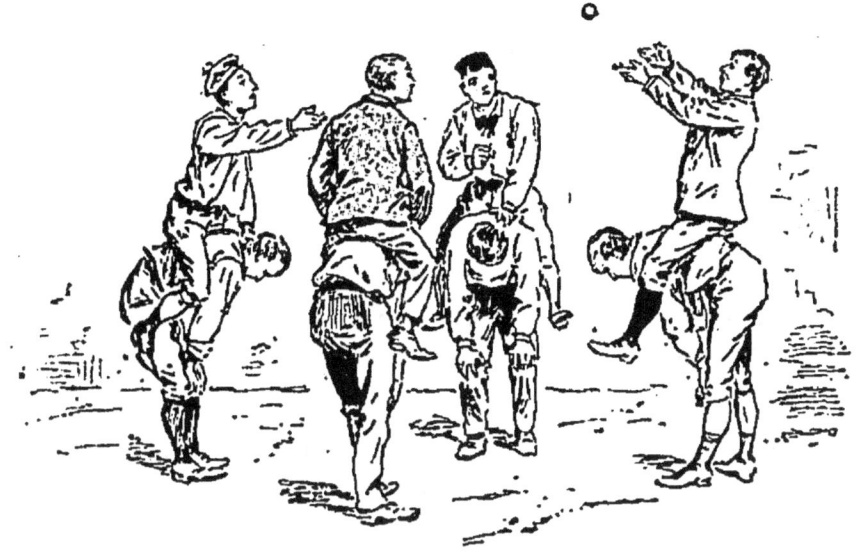

La Balle cavalière.

Les joueurs se partagent en deux partis. On tire au sort, et l'un des partis est celui des *cavaliers*, l'autre celui des *chevaux*.

On trace un grand cercle dans l'intérieur duquel on se dispose, chaque cavalier étant monté sur un cheval.

Un des cavaliers, qui est en possession de la balle, la lance en l'air trois fois de suite, puis l'envoie à son voisin ; celui-ci fait de même, et ainsi de suite jusqu'à ce qu'il advienne que la balle touche à terre.

Lorsque ce fait se produit, tous les cavaliers mettent prestement pied à terre et se sauvent, tandis qu'un des chevaux, s'emparant de la balle, cherche à en frapper un des cavaliers. S'il y parvient, les cavaliers deviennent chevaux, et réciproquement, mais la partie recommence dans les mêmes conditions que précédemment.

Les chevaux, pour que le coup soit bon, doivent lancer la balle de l'intérieur du cercle.

La Balle au Chasseur.

Un des joueurs est le chasseur, les autres sont les oiseaux.

Le chasseur, qui a la balle, la jette trois fois en l'air, puis il la lance après l'un des joueurs. S'il l'atteint, celui-ci devient le chien du chasseur. Sinon, le chasseur va chercher la balle et recommence le manège précédent.

Le chasseur, conjointement avec son chien, cherche à frapper d'autres joueurs qui deviennent ainsi des chiens concourant à la prise des autres.

La partie est terminée quand il n'y a plus d'oiseaux.

Le chasseur et les chiens doivent observer de ne lancer la balle que de l'endroit où ils l'ont ramassée.

Les oiseaux ne peuvent prendre la balle, à moins de l'attraper au vol ou de l'avoir mise entre leurs pieds et fait sauter en l'air ; dans ces deux cas, ils ont le droit de tirer sur le chasseur et ses chiens.

La Lacrosse.

Ce jeu nous vient du Canada.

Les joueurs se partagent en deux partis d'égal nombre. Chacun d'eux est muni d'une *lacrosse*, sorte de longue raquette. Chaque parti a un camp où se trouvent deux drapeaux et se propose de faire passer une balle entre les deux drapeaux du camp ennemi.

Les deux chefs de chaque parti, se mettant en un point également distant des deux camps, entament la lutte ; les autres joueurs sont disséminés et certains d'entre eux sont affectés à la garde des drapeaux.

On ne peut prendre la balle avec les mains ni la

pousser avec les pieds; la lacrosse seule doit servir à la déplacer.

Quand la balle est sortie de l'emplacement du jeu, on la remet à l'endroit où elle a dépassé la limite.

On fait usage généralement d'une petite balle creuse en caoutchouc.

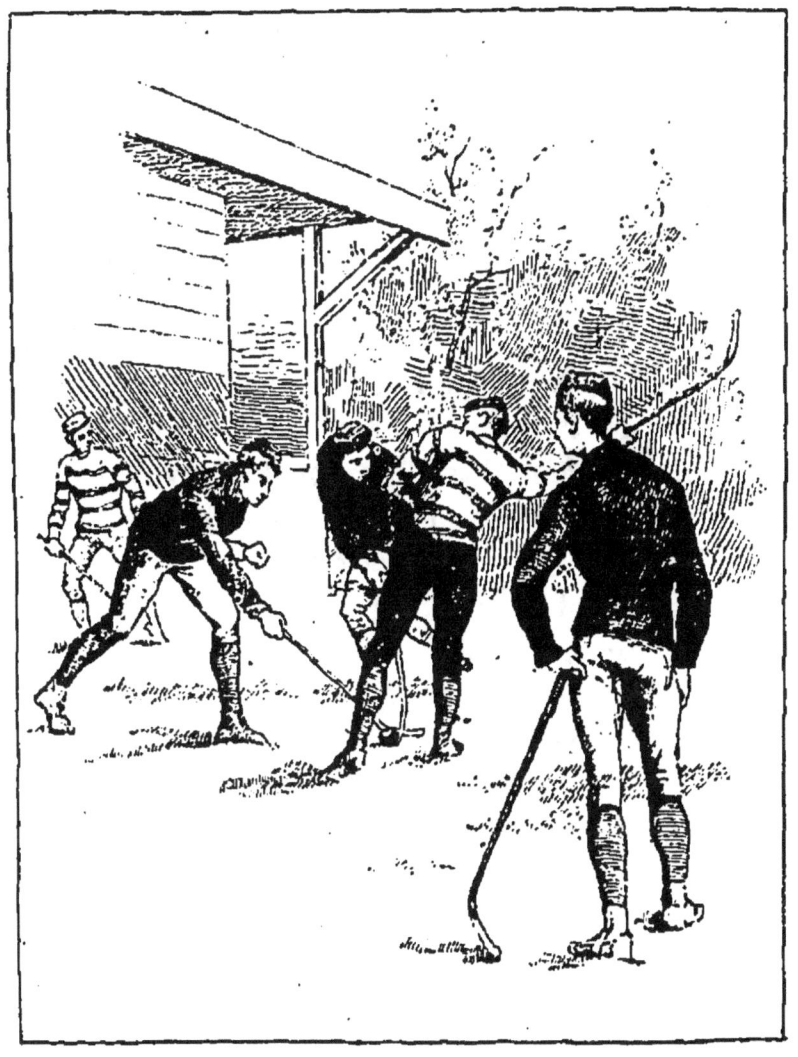

Le Gouret.

Dans le *Gouret*, qu'on désigne encore sous le nom

de *Polo*, les joueurs se partagent en deux camps d'un nombre égal de personnes.

Le terrain doit être vaste ; on y trace un rectangle. Au milieu des deux petits côtés, on établit les camps qui consistent chacun en une demi-circonférence sur le diamètre de laquelle on plante deux poteaux réunis par une traverse.

Les joueurs sont munis d'un bâton ou crosse dont l'extrémité est plus grosse que le manche.

Chaque partie se propose d'amener à l'aide des crosses une balle dans le camp, et là de la faire passer d'un seul coup entre les poteaux.

Chaque joueur doit toujours être placé entre son camp et la balle.

Au commencement de la partie, deux joueurs appartenant chacun à l'un des partis se placent au centre du rectangle, et au même signal mettent la balle en mouvement, s'efforçant de l'envoyer du côté du camp ennemi. Les autres joueurs entrent ensuite en action.

Le gouret est un très ancien jeu auquel les Gaulois se livraient avec passion.

Q.

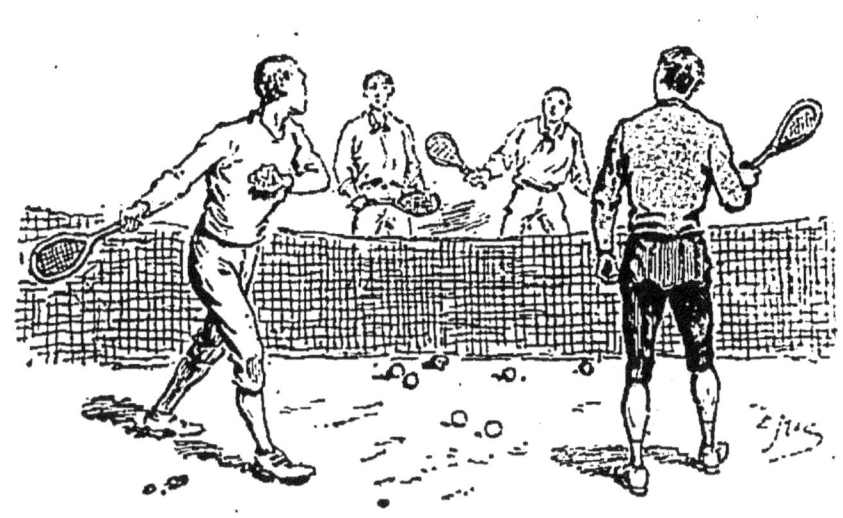

La Courte Paume.

Nous croyons ne pas pouvoir mieux faire que de citer les règles du jeu de paume telles qu'elles étaient données au siècle dernier dans l'*Académie universelle des Jeux.*

Le jeu de la paume est fort ancien ; et si l'on en croit quelques auteurs, Gallien l'ordonnait à ceux qui étaient d'un tempérament fort replet, comme un remède pour dissiper la superfluité des humeurs qui les rend pesants et sujets à l'apoplexie. Quelques-uns disent que c'était le jeu de la pelote ; mais comme cette pelote n'était autre chose qu'une balle, on croit qu'ils se sont trompés.

Quoi qu'il en soit, on peut dire que le jeu de la paume est un exercice fort agréable et très utile pour la santé.

Le jeu de paume se compte par quinzaines, en augmentant toujours ainsi le nombre ; en disant, par exemple, trente, quarante-cinq, puis un jeu qui vau soixante. On ne sait point positivement la raison de cela; il y en a qui l'attribuent à quelques astronomes, qui, sachant bien qu'un signe physique, qui est la sixième partie d'un cercle, se divise en soixante degrés, ont cru à cette imitation devoir compter ainsi les coups du jeu de paume. Mais comme cette raison souffre quelques difficultés, on ne s'y arrête point comme à une chose certaine.

D'autres disent, et plus probablement, que cette manière de compter à la paume nous vient de quelques géomètres, d'autant qu'une figure géométrique a soixante pieds de longueur et autant de largeur; et que, considérant le jeu de la paume comme un tout qu'ils ont mesuré selon leur imagination, ils ont jugé à propos que cela se pratiquât ainsi.

On compte encore par demi-quinzaine, et cette brisque est un coup qu'on donne gagné au joueur qui est plus faible, pour égaler la partie par cet avantage, et qu'il prend quand il veut une fois en chaque partie; quelques-uns en ce sens dérivent ce mot de *bis capis*, parce que d'ordinaire on la prend après un avantage qu'on vient de gagner, et ainsi on prend deux coups en même temps.

Il y a même de bons joueurs qui donnent quinze et bisque, d'autres quinze seulement, et tout cela selon qu'on connaît sa force, et la faiblesse de celui contre qui l'on veut jouer. Il est vrai qu'on croit que ces dernières manières de compter n'ont été trouvées qu'après coup, et qu'on ne les a mises en usage que longtemps après l'invention du jeu de paume.

La courte paume est un jeu fermé et borné de murailles, qui est tantôt couvert, tantôt découvert. On y joue avec des raquettes, des battoirs, de petits bâtons et un panier; et pour y bien jouer, outre l'agilité du corps qu'il convient d'avoir pour courir à la balle, il faut aussi beaucoup d'adresse de la main et de la force de bras; mais venons à présent à la pratique.

Quand on veut jouer à la paume et que la partie est liée, on commence par tourner la raquette, pour savoir ce qui fera dans le jeu. Celui qui n'y est pas doit servir la balle sur le toit, en la poussant avec sa raquette, et le premier coup de service s'appelle le coup des Dames, et est compté pour rien, ensuite joué à l'ordinaire.

Si l'on n'est pas convenu de ce qu'on joue, il faut le dire au premier jeu; celui qui gagne la première partie garde les gages.

Les parties se jouent en quatre jeux, et si l'on convient trois jeux à trois jeux, on dit *à deux de jeu;* c'est-à-dire qu'au lieu de finir en un, on remet la partie en deux jeux; on peut jouer aussi, si l'on veut, en six jeux; mais pour lors il n'y a point d'*à deux de jeu*, si ce n'est du consentement des joueurs.

Il faut aussi, avant que de commencer le jeu, tendre la corde à telle hauteur qu'on puisse voir le pied du dessus du mur, du côté où est l'adversaire; et le long de cette corde est un filet attaché, dans lequel les balles donnent souvent.

S'il arrive par hasard qu'en jouant la balle demeure entre le filet et la corde, et qu'elle donne dans le poteau qui tient cette corde, le coup ne vaut rien.

Il n'est pas permis en poursuivant une balle d'élever la corde.

Ceux qui jouent à la paume ont ordinairement deux

marqueurs; ce sont proprement des valets de jeux
de paumes qui marquent les *chasses* et qui comptent
le jeu des joueurs, qui les servent et qui les frottent.

Ces marqueurs marquent au second bond; et à
l'endroit où touche ce bond, ils doivent encore avertir les joueurs tout haut quand il y a chasse et dire
chasse ou bien deux chasses, si elles y sont; à tant de
carreaux, et dire aussi à tel carreau la balle la
gagne.

Si les joueurs disent chasse morte, elle demeure
telle, si les marqueurs ne leur répondent qu'il y en
a une.

Une chasse au jeu de la courte paume est une
chasse de balle en un certain endroit du jeu qu'on
marque, au delà duquel il faut que l'autre joueur
pousse la balle pour gagner le coup.

Le principal emploi des marqueurs est de rapporter fidèlement ce qu'on leur a dit à la pluralité des
voix des spectateurs, lorsqu'il y survient quelque
contestation. Ces voix se doivent recueillir, tant
pour l'un que pour l'autre joueur, sans prendre parti
pour aucun, à peine de perdre leur salaire et d'être
chassés du jeu pour en mettre d'autres à leur place.

Les joueurs, de leur côté, se doivent aussi rapporter
à la foi des spectateurs, lorsqu'il se présente quelque
difficulté dans leur jeu, puisqu'il n'y a point d'autre
juge qui les puisse juger; ils s'en rapporteront
même aux marqueurs, s'il n'y a qu'eux pour en
juger, lesquels diront leur sentiment sans craindre
qu'on leur en veuille du mal.

On joue pour l'ordinaire partie, revanche et le
tout, et on ne peut laisser cette dernière partie que
pour bonne raison, comme à cause de la nuit ou de

la pluie, au cas qu'on joue dans un jeu découvert.

Pour lors, celui qui perd doit laisser des frais et une partie de l'argent qu'on joue, pour le tout, et l'autre pour la moitié.

Si c'est en deux parties liées qu'on est convenu de jouer, on ne peut aussi les quitter que les parties n'y consentent ; en ce cas, chacun doit donner de l'argent pour le tout, et donner heure pour achever.

Autres règles.

I. Si fortuitement, lorsqu'on joue, on vient à frapper de la balle qu'on a poussée un des marqueurs ou quelques autres de ceux qui regardent jouer ; ou bien à quelque corbillon, ou frottoir, que quelqu'un tiendrait sur la galerie ou chose semblable qui dépendît du jeu, il faudrait marquer la chasse ; mais si personne ne tient tous ces ustensiles, on marquera où ira la balle.

II. Qui des joueurs, de quelque partie de son corps que ce soit, touche une balle qu'on a jouée, perd *quinze*.

III. Si par advertance, ou oubli, l'un des marqueurs disait une *chasse* pour l'autre, cela ne pourrait préjudicier aux joueurs, parce que, malgré le peu de mémoire, ou le *quiproquo* de ce marqueur, la première *chasse* doit toujours se jouer devant l'autre : il en est de même d'une *chasse* qu'il dirait appartenir au dernier, pour le second ; il faut qu'on la joue où elle a été faite.

IV. Celui qui, en servant, ne sert que sur le bord du toit, ou sur le rabat seulement, doit recommencer à servir, d'autant que le coup est nul, à moins qu'on ne joue *qui faute, il boit.*

V. Qui met sur l'ais de volée, en servant, ou sur les clous qui le tiennent, gagne *quinze*; il en perd autant quand il met dans la *lune*, qui est un trou au haut de la muraille, qui est du côté du toit où l'on sert.

VI. Si celui qui est dans le jeu, ou son compagnon, s'avisait de dire *pour rien*, après qu'il aurait été servi, et qu'il l'ait dit trop tard, comme après avoir voulu courir à la table, il perdrait quinze. On ne peut aussi dire *pour rien* aux coups de hasard.

VII. C'est trop tard dire *pour rien*, quand la balle du serviteur est dans le trou, ou au pied du mur ; il le faut dire au partir de la raquette ou du battoir; celui qui sert ne doit pas dire aussi *pour rien*.

VIII. Qui sans y songer ferait trois *chasses*, la dernière faite n'est de rien comptée, et tout le coup est faux, dès le service, quand la balle du serviteur aurait entré dans le trou.

IX. S'il arrivait qu'une balle était sortie par-dessus les murailles, et qu'elle revînt dans le jeu après qu'on aurait servi, le coup ne vaudrait rien, parce qu'on aurait joué dessus.

X. S'il arrivait qu'un joueur qui aurait *quarante-cinq*, eût fait deux *chasses*, il ne perdrait point pour cela son avantage ; mais, pour avoir le jeu, il lui faudrait gagner les deux *chasses*, ou du moins la dernière.

XI. Si l'adverse partie avait pour lors *trente*, et qu'il gagnât la première *chasse*, ils n'auraient aucun avantage l'un sur l'autre; et quoique l'autre gagnât la dernière, il n'aurait que l'*avantage*. C'est pourquoi, lorsqu'on a *quarante-cinq*, on dit *chasse-morte*.

XII. Celui qui se mécompte de *quinze*, ou de

trente, et qui s'en ressouvient après avoir joué dessus, mais avant que le jeu soit fini, ne perd rien pour cela, quand même il aurait oublié un jeu dans une partie; supposé à l'égard de ce jeu que ce fût avant que la partie fût finie; car qui aurait la partie ou le jeu, et viendrait à se méprendre, c'est-à-dire, à compter au-dessous, et qu'on ait servi ou joué dessus, perdrait son avantage.

Servir au jeu de paume, c'est pour le premier une balle sur un toit, l'y faire couler; ce sont d'ordinaire les seconds qui ont soin de servir.

XIII. Lorsqu'il y a une ou deux *chasses* marquées, et que la balle par hasard donne du second bond sur l'une de ces *chasses*, si c'est une chasse qu'on doive faire, il faut la marquer à cet endroit.

XIV. Si au contraire cette balle y donne de volée, ce qui est compté pour un bond, on doit alors marquer la *chasse* jusqu'où va la balle.

XV. Tout coup qui va au-dessus de la tuile est perdu pour celui qui y met, au lieu qu'il le gagne au-dessous.

XVI. S'il arrive qu'une balle entre dans la galerie, et qu'en touchant quelqu'un, elle rentre dans le jeu, il faut marquer la *chasse* par où elle rentre ; mais si n'ayant fait qu'un bond dans cette galerie sans toucher personne, qui pourrait jouer cette balle le coup serait très bon.

XVII. Qui fait une *chasse* dans la galerie, et que l'autre y revienne, ce coup est nul, et c'est à recommencer. Si c'est dans un jeu du dedans, comme à la grille, il est gagné, s'il ne revient point sans toucher à personne.

XVIII. S'il arrivait qu'un coup vînt à doubler,

qu'on fût en contestation, s'il est dessus ou dessous, et qu'ayant demandé aux spectateurs ce qu'il en ferait, on n'en fût point éclairci, on marquerait où irait la balle, parce que c'est à celui qui forme le différend à prouver ce qu'il demande ; si cependant c'est une chasse à gagner, c'est à recommencer.

XIX. Si, après que le coup est fini du côté du jeu, on demande s'il y a jeu, ou non, et qu'on ne dise rien, on ne marque rien. Si les voix en cela se trouvent également partagées, c'est à refaire.

XX. Lorsqu'on joue sur une chasse, et que la balle retombe en même endroit, on doit recommencer.

XXI. Si, en demandant qui l'a gagnée, on ne trouve rien, ou que les voix soient égales, on refait ; de même lorsqu'il s'agit d'un coup de service, qu'on demande s'il a porté, et qu'on ne répond rien.

XXII. Quand celui qui sert, après avoir servi plusieurs fois pour rien, il demande enfin à l'autre : *Y êtes-vous?* et qu'il lui répond *oui*, il perd le coup, si après il venait à dire pour rien.

XXIII. Si un joueur comptait *quinze*, ou quelqu'autre avantage, et qu'on le lui disputât, il faudrait faire demander le coup ; et si personne ne disait rien, sa demande serait nulle.

XXIV. Comme il arrive quelquefois lorsqu'on donne de l'avantage au jeu de la courte paume, il est libre à celui à qui on le donne de prendre au premier jeu tel avantage qu'il veut, et même de quitter la partie ; au lieu que l'autre, quand il aurait trois jeux, et *quarante-cinq*, et non un jeu, ne peut le faire que du consentement de son adverse partie.

XXV. Celui à qui on donne *bisque*, la peut prendre quand il veut ; si cependant c'est sur les *chasses*, il faut que ce soit sur la première faite, ou sur la seconde, lorsque la première est jouée; si l'on a passé la corde, on ne peut revenir à prendre sa *bisque*.

XXVI. Nulle faute ne peut se prendre qu'elle n'ait été faite; et si ce n'est sur une *chasse*, la faute ne peut s'y perdre.

XXVII. Si de deux joueurs qui jouent partie, l'un s'avisait de vouloir s'en aller pour quelque sujet que ce fût, et de quitter la partie avant qu'elle soit finie, l'autre peut, si bon lui semble, achever cette partie en payant.

XXVIII. Toutes gageures qui se font au jeu de paume doivent suivre le jeu dans toutes ses circonstances; et il n'est pas permis aux parieurs d'avertir, juger, ni enseigner le jeu de celui pour lequel ils parient.

XXIX. C'est à faire à celui qui gagne l'argent, de payer tous les petits frais qui se font pendant le jeu; comme, par exemple, le pain, le vin, le bois, la bière, les chaussons et les marqueurs.

XXX. S'il arrivait néanmoins que ces frais passassent le gain, il faudrait que le surplus se payât à frais communs; et si ce qu'ils jouent est à boire, les petits frais se doivent payer en déduction de la perte qui aura été faite, à moins qu'ils n'eussent dit *tous frais payés*.

Comme le jeu de paume est un jeu très noble, et que par conséquent il y a toute liberté, on ne doit jamais y être contraint, si ce n'est de parole donnée; en ce cas, un honnête homme doit s'en acquitter, à moins qu'il n'eût excuse légitime pour pouvoir s'en défendre; et alors, quoiqu'il eût de l'avantage, il faudrait qu'il laissât, autant que l'autre, de l'argent qui serait mis en main tierce, pour achever la partie un autre jour, et à l'heure marquée.

Il y a encore beaucoup d'autres difficultés que le hasard fait naître au jeu de paume, et dont on ne saurait ici faire un détail ; mais lorsqu'il en arrive quelqu'une, c'est à faire aux maîtres des jeux de paume, aux spectateurs et aux marqueurs d'en décider.

Des formalités qu'on observe au jeu de la courte Paume, lorsqu'il s'y joue un prix.

On a vu souvent dans les jeux de paume, proposer des prix, pour ceux qui piqués d'une noble émulation, étaient bien aises de faire voir leur adresse en ce jeu. On y recevait honnêtement tous ceux qui voulaient y jouer ; ils devaient aussi, de leur côté, y entrer avec toute la modération et l'honnêteté possibles ; autrement ils payaient la peine de leur indiscrétion.

C'était affaire aux maîtres à nommer ceux qu'ils savaient être très habiles à la paume, pour concourir à ce prix, qui était une *Couronne de Fleurs*, une *Raquette* et une *Balle d'argent :* on y joignait quelquefois *une paire de Gants*, ou autres choses de cette nature.

Le prix se jouait par trois différents jours, où se trouvaient tous ceux qui voulaient y prétendre : cela se pratique encore aujourd'hui de même, et l'on commence depuis huit heures du matin jusqu'à sept heures du soir. On doit présupposer sur ce qu'on dit que c'est en été que le prix se propose.

Ceux qui entrent en lice pour le prix peuvent,

durant le jour, aller changer de chemise, boire et manger à l'heure du dîner; mais ce repas ne doit durer qu'une heure.

Il faut être deux contre deux pour jouer à ce prix, et les deux qui ouvrent le prix doivent être dans le jeu. Le premier coup de service est tout de bon, toutes fautes qu'on fait sont bonnes ; il n'y a point de *pour rien* pour les *Dames*, comme on a dit.

Le plâtre touché porte volée ; le trou de service, en servant, ne vaut rien, l'ais ne sert que de muraille, et qui touche la corde, perd *quinze*.

L'ordinaire est de jouer en deux parties liées, et chaque partie trois jeux ; il n'y a point d'*à deux de jeux*, et lorsqu'on a perdu la première partie, il faut changer de place.

On marque la *chasse* où va la balle, bien qu'elle entre dans la grille, dans les galeries, ou en quelque lieu que ce soit, encore que cette balle ait touché quelqu'un.

Mais si l'un des joueurs avait fait une *chasse* dans une des galeries et que l'autre y remette, celui-ci perdrait le coup, et on remarquera que, lorsqu'on joue le prix, on ne refait point.

Lorsque ceux qui défendent le prix ont été contraints de quitter le jeu, pour le recéder à de plus forts qu'eux, ils peuvent rentrer comme tout autre ; mais ce n'est qu'en second.

Ils peuvent cependant reprendre leur place comme auparavant, s'ils regagnent et mettent pour les autres.

Les deux qui ont ouvert le jeu peuvent, s'ils le jugent à propos, le fermer ensemble, après qu'ils auront joué seulement chacun un coup.

Le prix se joue donc, comme on a dit, à trois différents jours : au premier le *chapeau de fleurs* et les *gants*, que le maître présente aux vainqueurs, les priant de revenir au premier jour fixé, pour achever de jouer les prix, qui sont la *raquette*, et au dernier la *balle d'argent*.

Avant que de commencer à jouer, on met chacun vingt sols dans la *tirelire*, pour subvenir aux frais qu'il convient faire par le maître, pendant que le prix se joue, comme pour payer le pain, le vin, bois, draps et chaussons. Le maître ne profite en rien là-dessus ; il n'y a que les balles qu'on perd qui lui sont payées, et dont il ne donne que vingt pour deux douzaines, parce que ce surplus qui n'y est pas, et qu'on paye, est pour les raquettes.

Ces prix se proposaient autrefois plus fréquemment qu'on ne fait aujourd'hui ; il y a même des villes où l'usage en est entièrement aboli, et d'autres où il se conserve encore, mais à prix de moyenne valeur, et où l'on n'entre que pour l'honneur seulement.

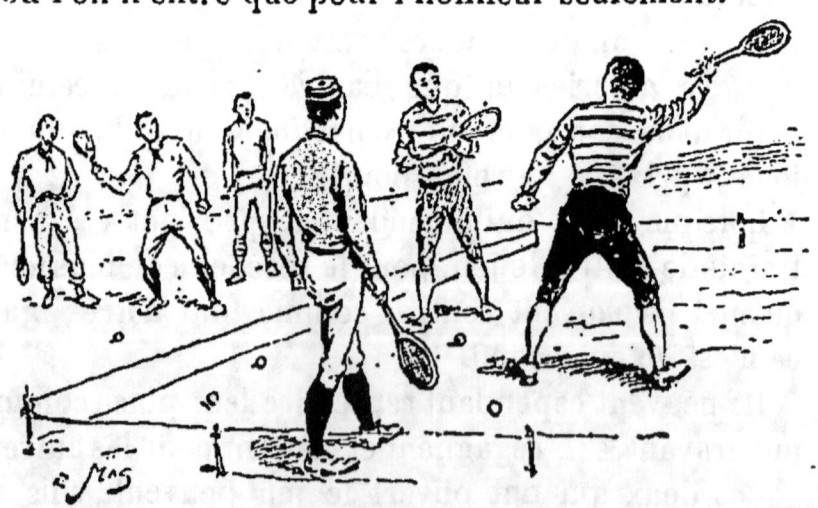

La Longue Paume.

La *longue paume* se nomme ainsi parce qu'on joue à ce jeu dans une grande place qui n'est point fer-

mée. Cette place est une grande rue, large, spacieuse
et fort longue. Il est des villes où ces jeux de paulmes
sont dans des grands patis, ou de longues allées
d'arbres ; au reste, il n'importe où ces jeux soient,
pourvu que le terrain en soit uni, ou bien pavé,
parce que lorsqu'il faut courir à la balle, il serait
dangereux de faire un faux pas si le sol en était inégal.

On joue plusieurs à ce jeu, comme trois, quatre,
ou cinq contre cinq ; on peut y jouer deux contre
deux, mais ces sortes de parties ne se font qu'entre
écoliers.

On se sert à la *longue paume* de battoirs de différentes grandeurs : les uns ont le manche, ou la
queue, comme on voudra dire, fort longue ; d'autres
l'ont moins, et on les appelle des *pales*. Ce sont
ordinairement les tiers qui en jouent, afin de mieux
rabattre la balle ; il y a de ces battoirs dont les têtes
sont carrées, un peu plus longues que larges, d'autres
qui sont en ovale.

. Il faut, pour jouer à la *longue paume*, un grand
toit de planches attaché à un mur, ou sur quatre
piliers, supposé que ce jeu fût dans quelques allées
d'arbres ou quelques patis.

Ce toit est garni, par en bas et du côté du joueur
qui tient la passe, d'une planche large d'environ
douze à quatorze pouces, placée droite sur le côté,
percée dans le milieu de sa longueur et à quatre
doigts du toit, soutenue par derrière d'un bâton de
deux ou trois pouces et demi de tour et qui excède la
planche d'environ deux pieds de haut ; cette planche
doit être aussi longue que la largeur du toit, à un
bon demi-pied près.

Le bâton est ce qu'on appelle en ce jeu la *passe* ;

lorsque la balle qu'on sert passe sur la planche et au-
dessus de la *passe*, c'est quinze perdu pour la partie
du serviteur ; au lieu que, quand il peut faire passer
la balle dans le trou, il gagne *quinze*.

On est toujours deux à tenir le toit, savoir : un
qui tient la *passe* et l'autre le rabat. C'est cette
planche dont on vient de parler qui rejette et
repousse la balle. Les autres joueurs du même côté
s'appellent des *tiers*. On dit aussi à la *longue paume*:
cet homme est bon *tiers*, il *tierce* bien.

Il ne faut pas moins d'adresse à la *longue paume*
pour jouer une balle qu'à la *courte* ; la première demande plus d'agilité, et il convient d'avoir de bonnes
jambes pour passer et repasser tant de fois en une
partie, c'est-à-dire pour aller alternativement tantôt
tenir le toit et tantôt au renvoi.

On sert à la *longue paume* avec la main et non
pas avec le battoir, comme à la courte.

Les parties sont de trois, quatre ou cinq jeux,
quelquefois de dix ; cela dépend de la convention
que font les joueurs avant que d'entrer au toit.

On tire, à qui tiendra le toit, avec un battoir qu'on
jette en l'air en le faisant pirouetter : l'un en prend
la face et l'autre le dos, de manière que, quand il
tourne sur l'un des deux côtés, celui qui l'a pris pour
avoir le toit va s'en emparer et joue.

C'est un grand avantage en ce jeu d'avoir un bon
serviteur qui ait le bras fort, afin que, jetant la balle
avec raideur sur le toit, elle y fasse plus souvent
hasard et embarrasse par là ceux qui y sont et qui,
venant à manquer d'attraper la balle, perdent quinze
au profit de leur partie adverse.

Règle du jeu de la longue paume.

I. Lorsque ceux qui tiennent le toit attrapent la balle qu'on sert et qu'ils ne la poussent point jusqu'à jeu, les autres en prennent quinze. On appelle *le jeu*, un certain pilier, arbre ou autre marque de cette nature, qui est pour l'ordinaire à sept ou huit toises du toit, et il ne fait point de *chasse* si la balle ne va jusqu'à ce jeu.

II. Les chasses à la longue paume se marquent à l'endroit où s'arrête la balle en roulant et non pas où elle frappe.

III. Lorsqu'une balle qu'on a poussée du toit est renvoyée jusqu'au delà du jeu, la partie de celui qui l'a renvoyée gagne quinze ; il n'est pas besoin qu'elle y soit poussée de volée, il suffit qu'elle passe ce jeu en roulant.

IV. Qui touche, de quelque manière que ce soit, la balle qu'un des joueurs de son côté a poussée perd quinze.

V. Quand un de ceux qui sont au renvoi renvoie une balle de leur adverse partie, il est permis aux autres de la renvoyer ou de l'arrêter avec le battoir, si elle roule, pour l'empêcher qu'elle ne passe le jeu du côté du toit, et faire que la *chasse* soit plus longue.

VI. Toute balle qu'on pousse hors des limites du jeu est autant de quinze points de perdus pour celui qui l'y pousse et dont profite son adverse partie.

VII. Toute balle qui tombe à terre est bonne à pousser du premier bond, soit au renvoi ou au toit ; le second ne vaut rien.

Ce n'est pas l'usage à la longue paulme, comme à la courte, de donner l'avantage, comme *quinze, bisque* ni *demi-quinze*, parce qu'on tàche d'y faire les parties les plus égales qu'on peut.

De même qu'à la courte paulme on fixe ce qu'on veut jouer, outre les frais, qui font les balles, et les marqueurs, ce que les perdants payent, et ces balles sont bien plus petites qu'à la courte paume.

Le Lawn-Tennis.

Le lawn-tennis est un jeu de paume qui nous est venu d'Angleterre depuis un petit nombre d'années. Dans les parcs et jardins, aux bains de mer, il est très en faveur et s'est emparé en partie de la vogue dont jouissait le croquet. S'il n'exige pas autant de combinaisons et de science que ce dernier jeu, en revanche, il demande plus d'agilité, plus de mouvement et, à ce titre, il est certainement beaucoup plus amusant.

Nombre de joueurs.

On joue partagé en deux camps ; les joueurs doivent par conséquent être en nombre pair. Ce nombre peut être quelconque ; néanmoins il est bon qu'il ne soit pas trop considérable, afin que les joueurs ne soient pas gênés dans leurs mouvements.

Généralement, le law-tennis se joue entre quatre personnes, deux de chaque côté ; on le joue aussi très souvent à deux.

Matériel du jeu.

Le matériel dont on se sert se compose des objets suivants :

Deux grands piqués reliés par un filet ; ces piquets se fixent en terre et le filet est maintenu par eux verticalement. Pour assurer la solidité des piquets et

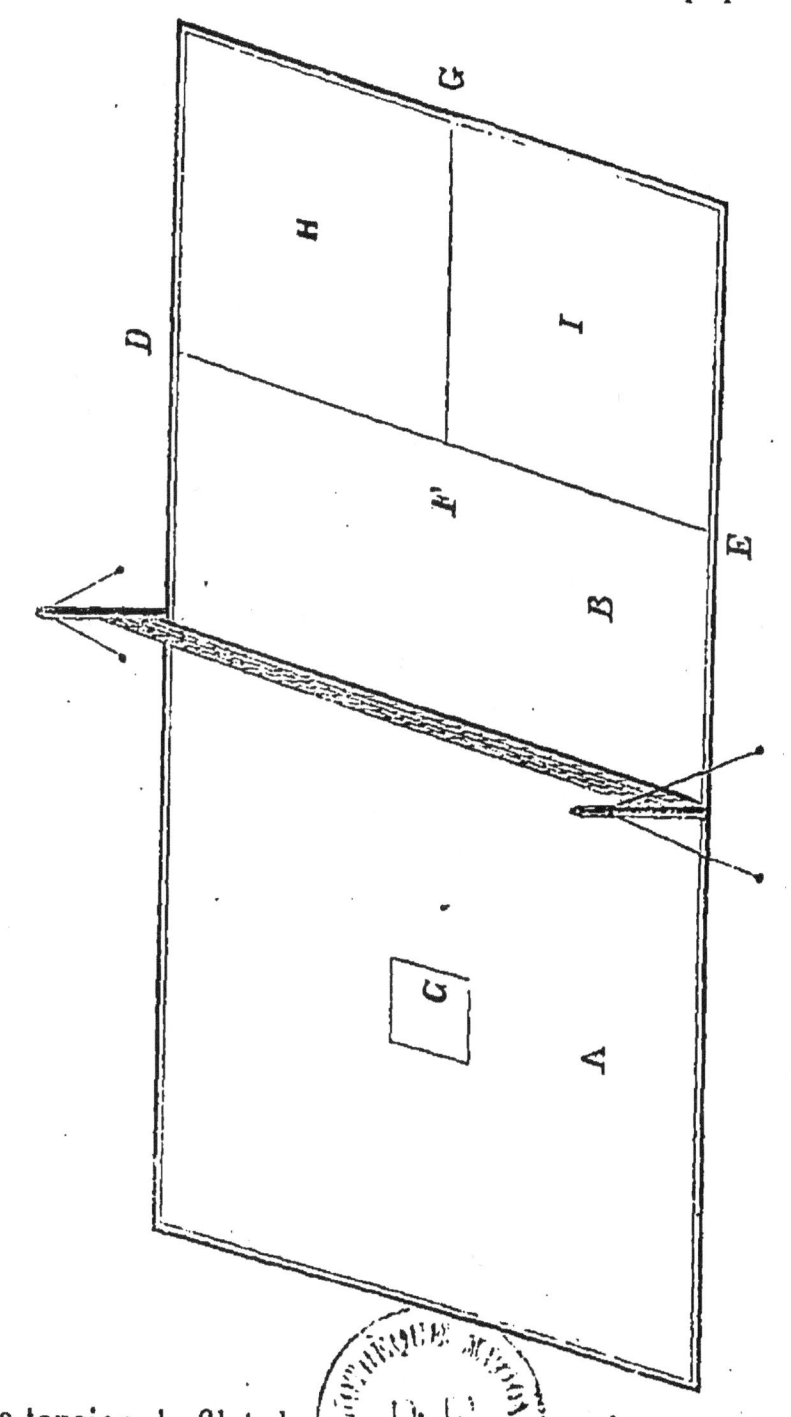

la tension du filet, les premiers sont maintenus écartés chacun par deux cordes fixées en terre à l'aide de deux fiches.

On doit aussi avoir un certain nombre de raquettes et de balles, ainsi qu'un ou deux maillets pour enfoncer les piquets.

Le terrain.

Le terrain qu'on choisit doit être bien uni et bien plan, horizontal autant que possible.

Il doit avoir 20 mètres de longueur sur 10 de largeur ; ces dimensions ne sont cependant qu'approchées, et on peut leur faire subir toutes modifications qu'on voudra, pourvu cependant qu'elles ne soient pas trop considérables.

On plante les piquets (voir la figure) de façon que le filet partage le terrain en deux parties égales. Si on a pris les dimensions données plus haut : 20 sur 10, on aura formé deux carrés A et B, de 10 mètres de côté, qui seront de chaque côté du filet.

Au centre de l'un des carrés, on en trace un autre plus petit, C, de 1 mètre et demi à 2 mètres de côté.

Quant à l'autre grand carré B, on le partage en deux par la ligne D E, et le rectangle extérieur est lui-même partagé en deux parties égales par la ligne F G.

Toutes les figures et lignes que nous venons d'indiquer doivent être tracées sur le terrain.

Disposition des joueurs sur le terrain.

Supposons qu'il y ait quatre joueurs. Voici les positions qu'ils occuperont :

Deux du même camp se mettront d'un côté du filet, dans le carré A, par exemple, et les deux autres dans le carré B.

L'un des deux, en A, se mettra dans le petit carré C, l'autre pourra se tenir partout ailleurs, mais sans sortir du carré A.

Quant aux joueurs du camp adverse, l'un se tiendra dans le carré II et l'autre dans le carré I.

Dans le cas où l'on ne serait que deux joueurs, ceux-ci doivent se porter dans toute l'étendue des carrés.

Si l'on joue au nombre de six ou plus, il y aura toujours un joueur en C, et les autres se disposeront comme ils l'entendront, au mieux de leurs intérêts, bien entendu.

Vocabulaire de quelques termes employés au Lawn-Tennis.

Côté du dedans. — C'est le carré A renfermant le petit carré C.

Côté du dehors. — C'est le carré B renfermant les deux carrés moyens H et I.

Donner le service. — Comme on le verra dans la règle ci-après, au commencement de chaque coup, le joueur, qui est en C, commence à lancer la balle dans l'autre camp ; c'est ce premier lancé qui s'appelle *donner le service.*

Mettre dessus. — Envoyer la balle par-dessus le filet.

Mettre dessous. — Envoyer la balle dans le filet.

A vous ! A moi ! — Cris par lesquels un joueur avertit son partenaire pour qu'il aille à la rencontre

de la balle ou pour le prévenir qu'il s'y porte lui-
même.

Volée. — On dit qu'une balle est renvoyée de
volée, quand elle est lancée sans qu'elle ait touché
terre.

Peloter. — Jouer sans faire de partie réglée.

Règles du jeu.

1. — Le lawn-tennis se joue généralement entre
quatre joueurs ; mais on peut être un plus grand
nombre. Les Anglais le jouent souvent à deux.

2. — Les joueurs se partagent en deux camps, et
c'est le sort qui fixe leur répartition.

3. — Dans chaque camp, on tire au sort l'ordre
des joueurs.

4. — Enfin, c'est encore le sort qui désigne le camp
qui devra commencer à occuper le côté du dedans,
l'autre camp occupant le côté du dehors.

5. — Les joueurs se disposant de part et d'autre
du filet, dans les carrés du dedans et du dehors, le
premier joueur du dedans fait le service, c'est-à-dire
qu'il jette une balle en l'air et la renvoie, quand elle
retombe, dans le camp opposé.

6. — Pour que le service soit bon, il est d'abord
nécessaire qu'elle passe par-dessus le filet (qu'elle
soit mise dessus et non dessous) ; il faut ensuite
qu'elle tombe dans l'emplacement des carrés II et I.

7. — Si le service est bon, le camp du dehors doit
renvoyer la balle dans celui du dedans.

8. — Pour que le renvoi soit bon, il est nécessaire
qu'il satisfasse à deux conditions : d'abord que la
balle soit renvoyée de volée, c'est-à-dire sans avoir

touché terre, ou seulement après un seul bond ; ensuite qu'elle retombe dans le carré du dedans.

9. — Si le renvoi ne satisfait pas à ces deux conditions, le camp du dehors perd un point, le coup s'arrête et on en recommence un autre.

10. — Si le renvoi est bon, le camp du dedans cherche à retourner la balle, suivant les règles données pour le renvoi, et ainsi de suite.

11. — Le coup s'arrête quand un des camps a manqué son renvoi.

12. — Le camp du dehors ne peut marquer aucun point; seul le camp du dedans peut en gagner.

13. — Le premier joueur du dedans ne lance que deux balles.

14. — Quand ce premier joueur a lancé ses deux balles, il est remplacé par le second joueur du dedans qui ne peut aussi en lancer que deux.

15. — Tous les joueurs du dedans se succèdent ainsi à tour de rôle, chacun ne lançant que deux balles.

16. — Quand tous les joueurs du dedans y ont passé, les joueurs changent de camp et la partie se continue suivant les mêmes règles que précédemment.

17. — Les joueurs ont le droit de s'avertir lorsque la balle va tomber, en criant : A vous ! A moi !

18. — Quand le nombre des joueurs est supérieur à quatre, chaque joueur ne lance qu'une seule balle au lieu de deux.

19. — Quand une balle, dans sa course, est touchée par un joueur autrement que par la raquette, le coup est arrêté. Si la balle a été touchée par un joueur du dehors, le camp du dehors perd un point.

Si elle l'a été par un joueur du dedans, le renvoi de ce camp est compté pour mauvais.

20. — La partie se joue généralement en quinze points.

21. — Quand on joue en partie liée, c'est le camp qui a perdu la première partie qui commence à prendre le côté du dedans.

La Balle au Tambourin.

Au lieu de raquettes et de battoirs, les joueurs font quelquefois usage de tambourins au jeu de paume. Cet instrument, par son bruit, rend le jeu plus divertissant.

Il est nécessaire, dans ce cas, de se servir de balles légères en caoutchouc ; on parvient ainsi à produire des projections d'une très grande amplitude.

La Balle au Tamis.

La *balle au tamis* est un jeu de paume en usage en Normandie et dans le nord de la France.

Ce qui le caractérise, c'est que celui qui, dans chaque camp, offre la balle, la lance en se servant d'un tamis fixé au sol et légèrement incliné.

Le lancement se fait de la façon suivante : la balle est d'abord projetée deux fois sur le tamis et reprise par la main ; elle n'est envoyée qu'au troisième coup.

On emploie à ce jeu des balles très dures faites en son, et les joueurs ont leur main droite gantée.

La Fusillade.

Le joueur qui doit être fusillé se met près d'un mur et lance la balle contre ledit mur de façon à l'envoyer le plus loin possible. Les joueurs ayant un certain ordre entre eux, le premier prend la balle et la lance contre le fusillé, ce dernier tournant le dos. La même opération se continue successivement pour tous les joueurs.

Les fusilleurs doivent lancer la balle de l'endroit où elle s'est arrêtée; ils peuvent, s'ils le désirent, s'en éloigner pour être mieux à leur convenance, mais ils ne sauraient s'en rapprocher.

La Chasse.

Un des joueurs se met contre un mur et tous les autres joueurs tirent successivement dessus d'une distance déterminée.

Quand un des joueurs manque son coup, c'est à lui à être fusillé en place de l'autre et la partie continue de la même façon.

Le Massacre.

Le massacre est un jeu de foire qui consiste à démolir à distance, à l'aide de balles, des poupées rangées sur plusieurs lignes. Ces poupées représentent des personnages plus ou moins burlesques, ce qui ajoute à l'attrait du jeu. On paie les balles à tant pour un sou et on gagne en général autant de macarons qu'on a abattu de poupées.

La Jonglerie.

Les exercices de jonglerie exigent une grande adresse, unie à un bon coup d'œil et à beaucoup de vivacité.

On peut se livrer à cet exercice avec toute sorte d'objets, mais il conviendra tout d'abord de ne recevoir que de petites balles.

On s'exercera, en commençant avec deux balles et une seule main, puis on continuera avec deux balles, une pour chaque main, deux balles en même temps pour chacune des mains, enfin trois balles actionnées à l'aide des deux mains, etc.

Quand on sera parvenu de la sorte à une certaine force, on pourra employer des bâtons, des assiettes et toutes sortes d'autres objets.

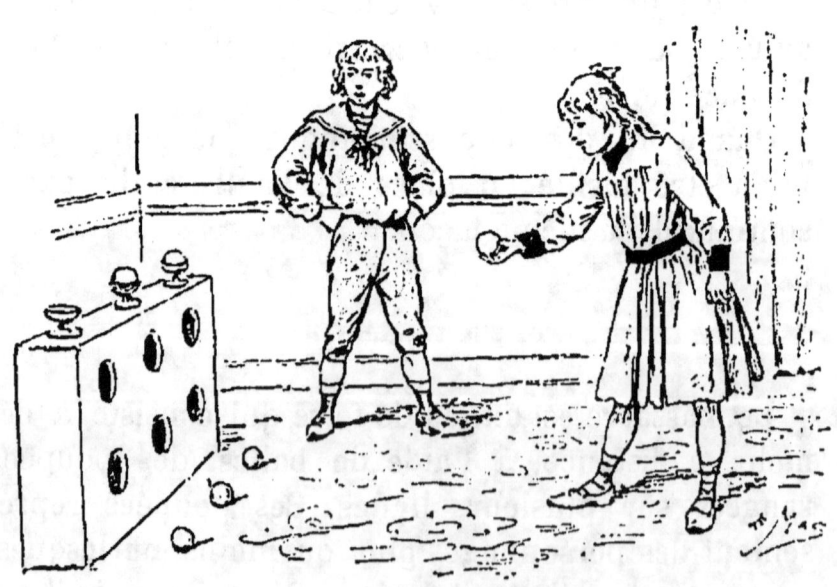

Le Passe-Balles.

Ce jeu, analogue au passe-boules, se joue avec des

balles, qu'on lance, soit dans les trous, soit dans les coupes.

La partie consiste à faire un certain total de points et le gagnant est celui qui y parvient le premier.

———————

LES JEUX DE BALLON

Le Ballon français.

Les règles du *ballon français* sont les mêmes que
celles de la longue paume.

Les joueurs, pour lancer le ballon, ont le bras et
la main armés d'un instrument en bois, en forme
de manchon, qu'on désigne sous le nom de *brassard*.

Le jeu de ballon est assez animé; il est plus agréable
à voir jouer que la paume, parce qu'on peut plus
facilement suivre les trajets dans l'air, et en raison
des bonds quelquefois énormes qui se produisent.

On admet que l'on peut renvoyer le ballon de
trois façons, soit à la volée, soit après le premier
bond, soit après le second. On permet aussi quelquefois de faire le renvoi avec le pied.

Le Ballon à la ligne.

Le *ballon à la ligne* est une simplification du ballon français. Là, il n'y a plus qu'une ligne tracée sur
le sol, de part et d'autre de laquelle prennent position
les deux partis.

On se renvoie alternativement le ballon, de façon

à dépasser simplement la ligne. Quand le ballon est manqué, reste en deçà de la voie où sont des limites du jeu, le parti opposé compte un point.

La partie se joue en un certain nombre de points.

Le Ballon allemand.

Un des joueurs, ayant les mains derrière le dos, est entouré par tous les autres, formés en rond. Le premier s'efforce avec le pied droit de faire passer le ballon au delà des autres joueurs et ceux-ci font leur possible pour le renvoyer à l'intérieur du rond en le poussant également avec le pied droit.

Quand le ballon est sorti du cercle, le joueur dont le pied droit était voisin du ballon, quand celui-ci a opéré sa sortie, prend place au milieu du rond et le jeu continue comme précédemment.

On peut aussi jouer le jeu en ne faisant usage que du pied gauche.

La Barette ou Foot ball.

Deux partis formés d'un nombre égal de joueurs.

Un grand rectangle détermine le champ du jeu. Sur chacun des deux petits côtés, on établit deux poteaux distants de 5 à 6 mètres avec une corde transversale élevée de 3 mètres environ ; ce sont les buts.

La barette est un ballon rond ou le plus souvent ovoïde que chaque parti se propose de faire passer par-dessus le but du parti opposé. A chaque fois qu'un des partis est parvenu à ce résultat, il marque un point ; une partie simple comporte trois points.

On peut prendre le ballon avec les mains, mais c'est avec le pied qu'il faut lui faire franchir le but ennemi.

Les joueurs doivent toujours être placés entre la balle et leur camp.

Quand on a réussi à emporter la barette au delà du but ennemi, on a le droit de la renvoyer d'un coup de pied, c'est ce qu'on appelle un coup franc.

Quiconque s'empare à la volée de la barette a droit à un coup franc.

C'est, en résumé, un jeu des plus violents, où de mauvais coups peuvent être échangés et on ne s'explique guère la vogue dont il paraît jouir en ce moment à Paris.

DIVERS

Les Boules de Neige.

Un grand divertissement pour les enfants, quand il est tombé de la neige, est de construire un très haut bonhomme de glace, et, quand cette construction monumentale est achevée, de l'assaillir à. coups de boules de neige.

On proclame vainqueur celui dont l'habileté a réussi à faire tomber la tête du bonhomme.

D'autres fois, après s'être partagés en deux camps, c'est une bataille en règle qu'on se livre à coups de boules de neige ; mais il peut en résulter des désagréments et des accidents.

Le Volant.

On joue à ce jeu à l'aide d'un volant et de raquettes. On se livre à l'exercice de se renvoyer le volant avec la raquette, en ayant grand soin de ne pas le laisser tomber à terre. Généralement, deux personnes jouent à la fois ; mais on peut aussi s'y livrer plusieurs ensemble et, dans ce cas, les joueurs se disposent à égale distance les uns des autres.

On joue au volant à tout âge et quel que soit le

sexe; c'est même plutôt un jeu de jeune fille que de garçon.

Le Volant à Cornets.

Dans le volant à cornets, la raquette est remplacée par des cornets fixés au bout d'un manche. Il faut recueillir le volant dans ledit cornet et le lancer vers le partenaire en le renvoyant naturellement du cornet par un brusque mouvement du bras.

Le jeu de volant ainsi pratiqué offre plus de difficulté qu'avec les raquettes.

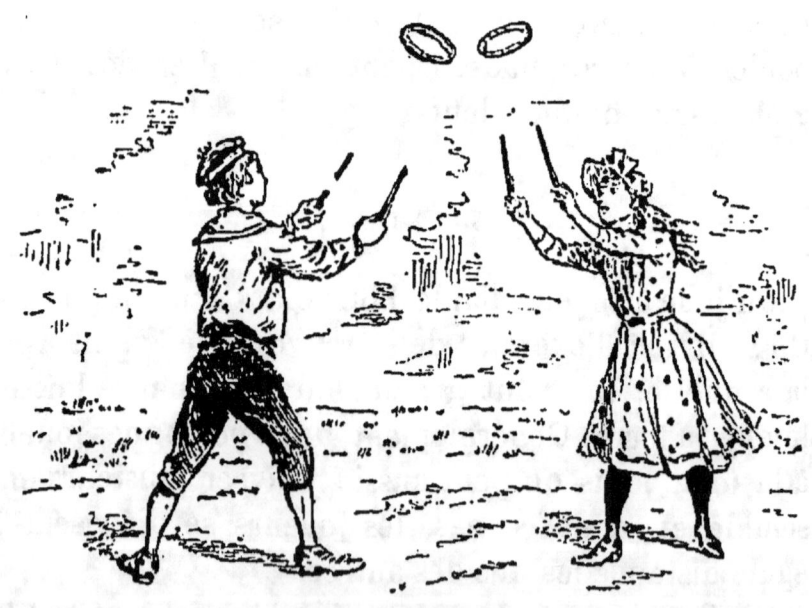

Les Grâces.

Les *grâces* sont surtout un jeu de jeunes filles; il porte bien son nom, car rien n'est plus gracieux que de voir s'y adonner les jeunes personnes.

Il consiste en un anneau qu'on se renvoie et qu'on reçoit à l'aide de deux bâtons.

En général, les deux joueuses se servent de deux anneaux qu'elles se renvoient au même instant à un signal donné.

Les anneaux et bâtons sont recouverts d'étoffes chatoyantes afin de rendre le jeu encore plus agréable à l'œil.

———————

JEUX SANS PROJECTION

LES JEUX DE CERCEAU

Le Cerceau.

Le *cerceau* est un jeu charmant où l'adresse a le principal rôle. Un joueur expérimenté y accomplit des merveilles : il fait marcher son cerceau en avant, en arrière, à droite, à gauche, ralentit, accélère ou arrête son mouvement, lui fait décrire les courbes les plus gracieuses et les plus imprévues.

On joue plusieurs à ce jeu en se proposant de lutter de vitesse pour parcourir une distance déterminée. On peut aussi lutter de lenteur, et, dans ce dernier cas, la difficulté est autrement plus grande que dans le premier.

Les bons joueurs de cerceau ont coutume de frapper le cercle en dedans et non en dehors; ils ont ainsi l'avantage de pouvoir arrêter plus aisément.

Le Cerceau rétrograde.

On lance le cerceau en avant, en ayant soin de lui donner en même temps avec la main un mouvement de rotation d'avant en arrière pour la partie supérieure.

Il en résulte que le cerceau roule d'abord en avant, s'arrête, et si la rotation donnée est suffisante, il retourne vivement vers celui qui l'a lancé.

Il y a là un effet analogue à ce qui se produit pour le boomerang et le rétrofuge des billes de billard.

TROISIÈME CLASSE

JEUX D'ADRESSE

JEUX A PROJECTION

LES JEUX DE BOULES

Les Grosses Boules.

Au bout d'une allée, on établit transversalement un petit fossé appelé *noyon* et, à un mètre environ, on trace une raie qui doit servir de but.

Les joueurs se partagent en deux partis et chaque joueur est muni de deux boules. Les boules de chaque parti doivent porter une marque distinctive.

Un premier joueur lance une boule de façon à la rapprocher le plus possible du but; un joueur du parti opposé lance alors une boule de façon à l'en rapprocher davantage et les joueurs de ce parti lanceront des boules jusqu'à ce qu'ils soient parvenus à ce résultat; puis ce sera le tour des joueurs de l'autre parti et ainsi de suite, jusqu'à ce que toutes les boules soient jouées.

Le parti gagnant est celui qui, en fin de compte, a une de ses boules la plus rapprochée du but.

Toute boule tombée dans le noyon est supposée morte et ne compte pas.

On joue soit en roulant, soit en poquant.

Quand on joue aux points, le parti gagnant compte à son actif autant de points qu'il a de boules plus rapprochées du but et on gagne la partie quand on a atteint douze points.

On joue souvent à celui qui arrive le premier à gagner deux parties.

Le Cochonnet.

Le *cochonnet* se joue comme les grosses boules, sauf qu'il n'y a point de noyon, ni de but, et que ce dernier est remplacé par une boule plus petite, un cochonnet qui donne son nom au jeu.

Cette boule est lancée par la personne qui est appelée la première à jouer.

Les Bowls.

Les bowls sont, en Angleterre, de grosses boules dissymétriques, grâce à un morceau de plomb qu'elles renferment. Il en résulte qu'une fois lancées, elles ne se meuvent pas en ligne droite.

On s'exerce à atteindre avec ces boules une autre boule blanche qui sert de cochonnet.

Comme les bowls sont grosses et lourdes, il est nécessaire de les faire rouler pendant une certaine portion de leur parcours avant de pouvoir songer à atteindre le but, et les mouvements imprévus qu'elles se mettent alors à prendre constituent un des plus grands agréments de ce jeu plein d'*humour*.

La Boule à la Crosse.

Deux joueurs. L'un, armé d'une crosse, se tient en dehors, mais près de deux piquets à assez faible distance l'un de l'autre. L'autre, qui tient la boule, se met au but et la lance de façon à la faire passer entre les deux piquets.

Le premier joueur tâche de renvoyer la boule le plus loin possible avec sa crosse et pendant que l'adversaire va la ramasser, il doit effectuer un certain parcours déterminé et revenir aux piquets.

Quant au second joueur, après avoir ramassé la boule, il va au but et tâche de faire passer la boule entre les piquets pendant que l'autre accomplit son trajet.

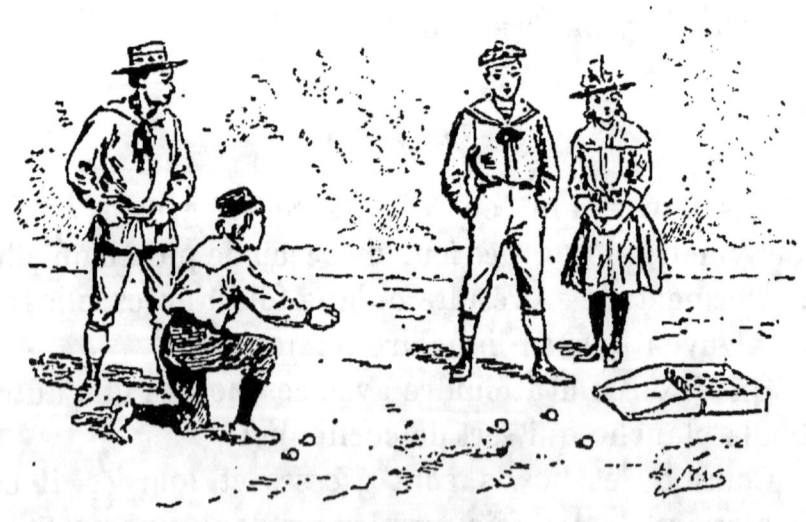

La Baraquette.

La *baraquette* est une de sorte de boite avec plan incliné, afin de permettre à des boules qui roulent de pénétrer dans la boite. Le fond de celle-ci présente des trous, portant des numéros, où les boules peuvent se loger.

On lance les boules de manière à les faire entrer dans la boîte et à obtenir des points. Chaque concurrent lance successivement plusieurs boules et le gagnant est celui qui parvient au total le plus élevé.

Le Trou Madame.

Cet ancien jeu, dont le tonneau a été une transformation, se jouait, d'après la grande *Encyclopédie*, comme suit :

Dans une allée, ordinairement contre un mur, se trouvait une petite galerie, faite en planches, et composée de treize arcades ou portiques, dans lesquels on lançait des boules au nombre de treize. Les arcades étaient numérotées dans l'ordre suivant : 12, 3, 7, 9, 5, 1, 13, 2, 6, 10, 8, 4 et 11.

Première manière. — Il faut, avec les treize boules, faire 31 points. Si l'on crève, c'est-à-dire si l'on fait plus de points, on perd la partie ; celui qui a crevé recommence la partie en jouant à son tour.

Si le premier qui a joué fait 31 points du premier coup avec ses treize boules, cela n'empêche pas les autres de jouer, et si chacun des joueurs faisait également 31, le coup serait nul et l'on recommencerait la partie.

Seconde manière. — La partie se joue en 100 points. Si l'on crève, on ne gagne pas, mais les points que l'on a faits de plus que le cent se comptent sur la partie que l'on recommence.

Troisième manière. — Il y a des joueurs qui veulent que celui qui crève ou qui fait des points au delà de 100, revienne à 50; mais cela dépend de la convention avant de commencer le jeu.

Le Passe-Boules.

Le *passe-boules*, qu'on trouve chez les marchands de jeux, se compose, en général, d'une planche représentant une grosse tête grotesque, dont la bouche circulaire est destinée à servir de but pour les boules.

Quand une boule passe par ce trou, elle frappe en arrière une plaque métallique et produit un bruit sonore.

Quelquefois, la disposition du passe-boules est tout autre; plusieurs trous y sont ménagés, dont chacun présente une valeur particulière; ce n'est plus qu'une variante de l'ancien jeu du trou madame.

Boule roulée.

On peut réaliser facilement ce jeu, en pratiquant trois ouvertures à l'extrémité d'une planche, qu'on fixe verticalement sur le sol.

Il s'agit pour les joueurs, en faisant rouler leur boule, de passer dans l'une des trois ouvertures.

Quand on y réussit, on compte trois points pour le trou du milieu et un point pour les trous extrêmes.

Le gagnant est celui qui parvient le premier à faire six points.

Les Quilles-Pots.

Ce jeu est analogue aux quilles, seulement ces dernières sont remplacées par des pots analogues à ceux employés dans les jeux de billes.

Les joueurs sont partagés en deux camps. Chacun joue deux coups de suite et compte les pots dans lesquels s'arrêtent les boules de la façon suivante : la première rangée, 1 chaque pot; la deuxième, 2 pour les deux pots extrêmes et 5 pour celui du milieu; la troisième rangée, 3 pour chaque pot.

Les joueurs de chaque camp alternent et le camp vainqueur est celui qui réussit à atteindre un total déterminé.

Le Croquet.

Le jeu de croquet remonte au XVIe siècle. Il était alors connu en France sous le nom de *paille-maille,* dont on fit *pêle-mêle.*

Vers la même époque, on le jouait aussi en Italie, pendant les réjouissances du carnaval, notamment à Florence; on le nommait *pala maglio.*

Ce ne fut que plus tard qu'il passa en Angleterre, où on l'appela le *pall-mallet.* Un célèbre quartier de Londres lui doit son nom de *Pall-Mall.*

Ce jeu fut toujours en très grand honneur auprès de la noblesse française; au XVIIIe siècle, on ne le désignait plus que sous le nom de *mail;* combien de places et de rues anciennes portent aujourd'hui encore le nom de ce jeu!

La Révolution emporta le mail comme s'il eût été une institution.

Cependant l'ancien mail nous revint, il y a quelques années, d'Angleterre, mais baptisé du nouveau nom de *crokett* ou de *croquet.*

Ce jeu, qui fait aujourd'hui fureur dans les parcs et sur les plages, n'est donc rien moins que nouveau : son appellation seule est nouvelle.

Matériel du jeu.

Les boîtes de croquet, que l'on rencontre dans le commerce, renferment le matériel suivant :

Dix arches ;
Huit boules ;
Huit maillets ;
Huit étiquettes ;
Deux piquets ;
Un marteau ;
Un furet ;
Une règle.

Les boules sont chacune d'une couleur particulière ; les mêmes couleurs sont présentées par les maillets et les étiquettes. Un des piquets, appelé *piquet de départ*, porte, par bandes successives, les différentes couleurs des boules, la couleur bleue étant la première.

Ce matériel est pour huit joueurs, nombre qu'on ne saurait dépasser sans rendre la partie interminable et fatigante.

Nombre de joueurs.

Chacun des joueurs ayant sa boule et son maillet, le nombre des joueurs n'est limité que par le nombre des ustensiles.

On a vu au paragraphe précédent que les boîtes de croquet qu'on trouve dans le commerce sont tout au plus pour huit joueurs.

On peut jouer, soit chacun pour soi, soit en deux camps. On peut même jouer en deux camps quand le nombre des joueurs est impair ; dans ce cas, un des joueurs joue pour deux et fait marcher deux boules.

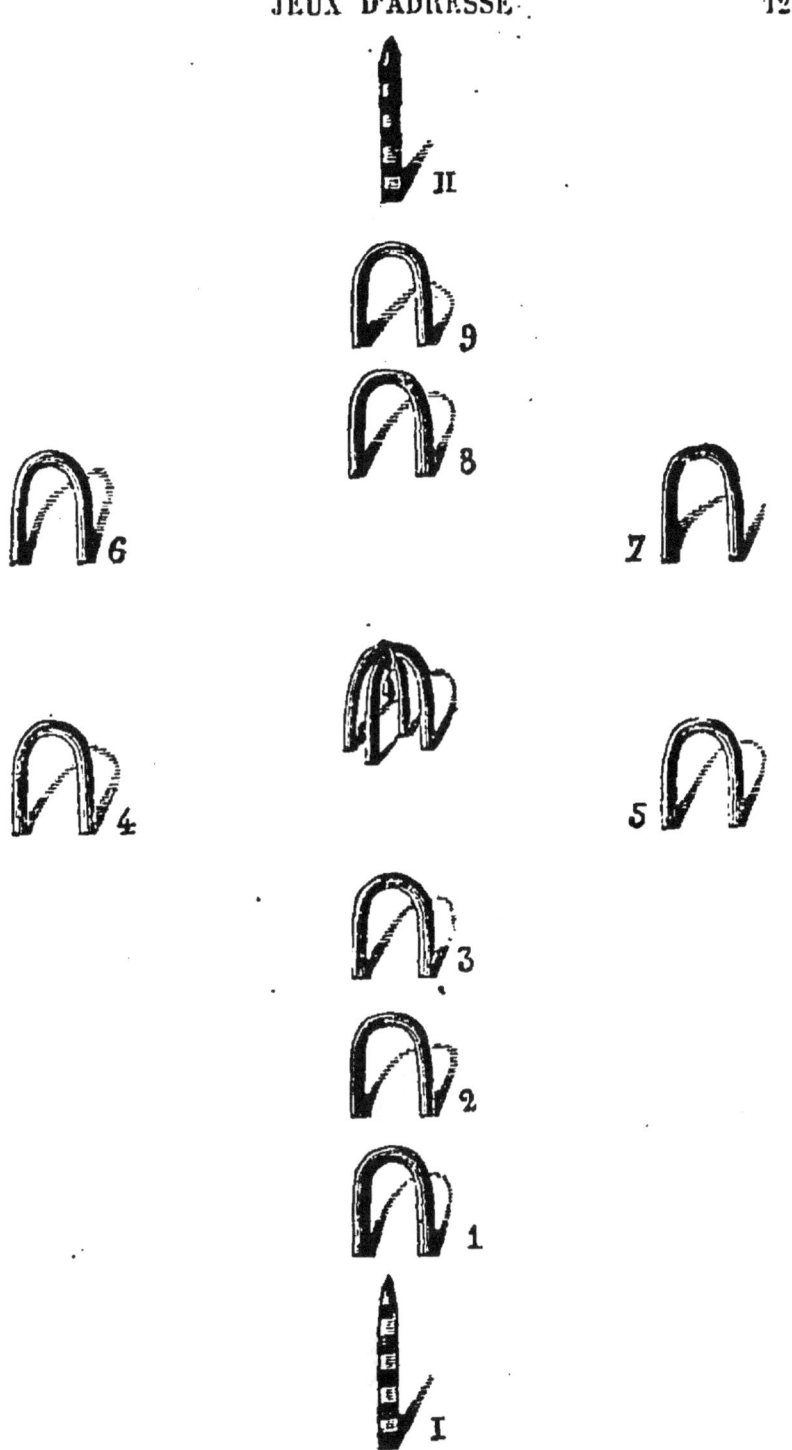

Le jeu est le plus intéressant quand la partie se joue entre deux camps.

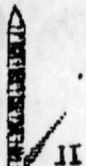

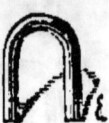

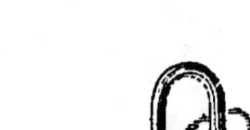

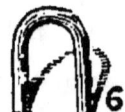

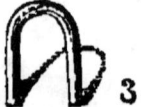

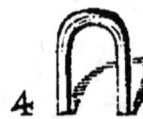

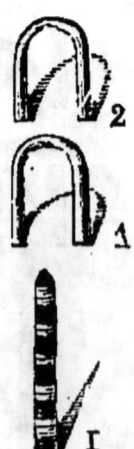

Avant que la partie ne s'engage, un des joueurs

met dans un chapeau les différentes étiquettes. Chacun en prend une et la dernière est pour celui qui tient le chapeau. Les joueurs s'emparent de la boule et du maillet de la même couleur que l'étiquette qu'ils ont tirée.

Le joueur qui a la couleur bleue jouera le premier, et les autres successivement, suivant l'ordre des couleurs présenté par le piquet de départ.

Les joueurs ayant l'ordre impair forment un camp et les autres forment l'autre camp.

Le terrain.

On doit choisir un emplacement aussi plan et aussi horizontal que possible, et dépourvu d'aspérités.

Un terrain de 20 mètres de longueur sur 10 de largeur est suffisant.

Les arches et les piquets doivent être placés à 3 mètres les uns des autres, et la surface précédente est suffisante pour cet objet.

Quand on ne dispose que d'un terrain plus réduit, on peut placer les arches et piquets à 2 mètres; mais la partie, en raison de sa plus grande facilité, n'offre plus le même intérêt.

Diverses façons de disposer les arches et les piquets.

Les arches et piquets peuvent être disposés de telle façon qu'on veut.

On ne doit pas changer cette disposition dans le courant de la partie.

Il faut cependant s'astreindre à former une figure géométrique par rapport à la ligne qui joint les deux piquets.

Des dix arches, il y en a une dite à sonnette. Quand

on désire en faire usage, comme elle est seule de son
espèce, on doit la placer sur la ligne des deux piquets,
ainsi que l'une des autres arches, afin de conserver
la même symétrie.

L'objectif du jeu étant d'arriver à faire passer sa
boule sous les arches et à lui faire toucher les piquets,
on doit, une fois les arches et les piquets plantés en
terre, déterminer le chemin que chaque boule doit
parcourir.

Nous donnons deux exemples de dispositions
d'arches et piquets, avec ou sans arche à sonnette.

Il va sans dire qu'on pourrait en donner beaucoup
d'autres, mais nous laissons aux joueurs le plaisir de
les découvrir, en se livrant à toute leur imagination.

Dans le premier exemple, celui où l'on fait usage
de l'arche à sonnette, la boule, partant du piquet I,
doit passer par les arches 1, 2 et 3, puis sous l'arche
4, puis traverser l'arche à sonnette dans la direction
de l'arche 6, puis les arches 6, 8 et 9 et frapper le
piquet II. Il faut ensuite qu'elle repasse par 9, 8, 7,
l'arche à sonnette dans la direction de 5, puis 5, 3, 2, 1 ;
enfin le piquet I est frappé de nouveau et la boule a
accompli son cycle.

Dans le second exemple, où on ne fait pas usage
de l'arche à sonnette, les boules doivent parcourir le
chemin suivant : les arches 1, 2, 3, 5, 7, 8, le piquet II,
les arches 8, 9, 6, 4, 2, 1, et enfin le piquet I.

Règles du jeu.

1. — Chacun joue à tour de rôle. Chaque joueur,
en commençant, place sa boule à terre, à 50 centimètres en avant du piquet de départ. Il la frappe en-

suite avec son maillet de façon à la faire passer sous la première arche.

2. — Chaque joueur se propose de faire parcourir à sa boule le chemin convenu à travers les arches et les piquets; mais ce parcours est souvent contrarié par diverses combinaisons indiquées plus loin.

3. — Quand un joueur fait traverser une ou plusieurs arches à sa boule, il a le droit de jouer de nouveau et il continue à jouer tant qu'il effectue un passage sous les arches.

4. — La même règle est applicable en ce qui concerne le piquet II ou piquet d'arrivée.

5. — A mesure qu'un joueur fait une arche, il doit mouvoir son étiquette et la placer sur la dernière arche faite.

6. — Il n'est pas toujours loisible à un joueur de passer sous une arche ; il peut aussi se faire que ce ne soit pas là son plus grand avantage ; on peut chercher à *roquer* une autre boule, c'est-à-dire à l'atteindre avec la sienne.

7. — Quand un joueur a roqué, il a le droit soit de jouer encore un coup, soit de *croquer* la boule roquée.

On croque de la façon suivante : On atteint avec sa boule A une boule B; les deux boules après leur contact ont pris d'autres places ; on prend la boule A et on la met en contact, comme on veut avec la boule B. On met alors le pied sur la boule A et avec le maillet on frappe sur cette boule du côté opposé à B. Si le coup a été convenablement appliqué, la boule A a dû demeurer sous le pied, et B a dû être chassée plus ou moins loin.

8. — Quand on n'a pas convenablement croqué,

quand, par exemple, la boule A a glissé sous le pied, le coup est déclaré nul.

9. — Après avoir croqué, on peut encore jouer un autre coup.

En résumé, un joueur joue tant qu'il passe des arches ou qu'il roque, croquant ou non.

10. — Entre le passage entre deux arches, on ne peut croquer deux fois la même boule.

11. — Ne peut être roquée, ni croquée une boule n'ayant pas passé sous la première arche.

12. — Quand une boule roquée ou croquée passe sous un arche dans l'ordre voulu, cette arche lui est comptée.

13. — Les arches doivent être faites non seulement dans l'ordre convenu, mais encore dans la direction voulue.

14. — Quand un joueur a fait courir à sa boule toutes les arches et piquets, il a gagné et peut se retirer de la partie. Sa boule devient *boule morte*. Mais il peut rester au jeu pour favoriser les siens et nuire aux adversaires. Il prend alors le nom de *revers*.

15. — Un revers a le droit de pousser sa boule dans toutes les directions, de roquer et de croquer partenaires et adversaires.

16. — Il doit croquer toutes les boules qu'il roque.

17. — Il ne peut croquer une même boule plus d'une fois dans la partie.

18. — Quand une boule en roque deux ou plusieurs du même coup, il n'y a que la boule, touchée la première, qui puisse être croquée.

19. — La partie est gagnée par le camp dont tous les joueurs achèvent le parcours, alors qu'un ou plu-

sieurs autres du camp opposé n'ont pas encore terminé.

20. — On s'assure qu'une boule a fait une arche en plaçant, du côté opposé à la boule, un manche de maillet en contact avec les deux branches de l'arche. Si le manche touche la boule, l'arche est faite ; sinon, non.

21. — Quand on roque une boule qui n'a pas fait la première arche, cette boule doit être replacée au point où elle se trouvait.

22. — On ne peut roquer avant d'avoir fait la première arche.

23. — Quand on est pour jouer le premier coup et qu'il y a des boules placées devant la première arche, celles-ci doivent être enlevées pour vous permettre de jouer; on les replace ensuite aux points où elles étaient.

24. — Quand une boule est chassée hors de l'enceinte du jeu, on doit l'y replacer et à 50 centimètres du bord, dans la direction qu'elle a suivie pour sortir.

25. — Nous avons dit que, lorsqu'on laisse glisser sa boule en croquant, le coup est nul ; il en est de même lorsque la boule à croquer ne bouge pas, quoique l'autre ait été frappée. Ce cas se présente lorsqu'on n'a pas pris la précaution de bien mettre les deux boules en contact.

Dans l'un ou l'autre cas, les deux boules restent en présence et c'est au joueur suivant à jouer.

26. — Lorsqu'on a mal croqué, si des boules sont déplacées, on les remet en place.

27. — Une arche peut être faite en roquant.

28. — Quand un joueur, par mégarde, joue avec

une autre boule que la sienne, on recommence le coup.

29. — Si on ne s'en aperçoit pas tout de suite, le coup est bon et les joueurs reprennent leurs boules.

30. — On peut frapper sa boule par l'un ou l'autre bout de son maillet.

31. — On ne peut placer ses mains que sur la moitié supérieure du maillet.

32. — Les partenaires peuvent se donner des conseils par la voix, mais ne pas montrer par gestes comment le coup doit être joué.

33. — Quand un revers a roqué une boule à tort, celle-ci est replacée à sa position primitive ; le revers reste où il est.

Conseils aux joueurs.

Le jeu de croquet consiste à frapper avec adresse et avec art une boule à l'aide d'un maillet ou marteau en bois. Il nous paraît indispensable de donner aux joueurs des conseils sur la façon dont ils doivent s'y prendre pour arriver à ce résultat.

Différentes façons des joueurs.

On voit des gens qui ne jouent que des bras, c'est-à-dire qui ne font pas ce demi-contour du corps qui vient des reins. Ils s'incommodent la poitrine par le grand effort qu'ils font faire à leurs bras agissant en raccourci ; ils ne sauraient être ni beaux, ni forts joueurs, parce qu'ils ne lèvent pas le maillet assez haut.

Quelques-uns lèvent le maillet plus haut que leurs épaules ; d'autres ne le lèvent qu'à moitié de leur taille et impriment à la boule une secousse comme s'ils donnaient un coup de fouet.

Il y en a qui, ouvrant étrangement les jambes et se cramponnant sur la pointe des pieds, s'abandonnent si fort sur la boule que, s'ils venaient à la manquer, ils iraient donner du nez par terre; quelques autres lèvent en l'air le coude gauche pour mesurer le coup; ce qui fait que, très rarement, ils touchent la balle en plein.

Toutes ces façons sont aussi défectueuses que désagréables.

Chaque exercice a ses règles et ses lois qu'on est obligé de suivre. La danse, l'équitation, l'escrime, ont une attitude et une contenance réglées, sans lesquelles on ne saurait rien faire qui ne soit gauche et de mauvaise grâce.

Il en est à peu près de même du croquet; c'est un jeu noble que l'on joue entre gens comme il faut et devant une galerie; c'est pourquoi on ne saurait s'y adonner sans s'astreindre à ses véritables règles.

Attitude du corps.

Il faut se placer avec aisance, en face de sa boule, ni trop près, ni trop loin; n'avoir pas un pied beaucoup plus avancé que l'autre; les genoux ne doivent être ni trop mous ni trop raides, mais posséder une fermeté bien assurée.

Le cou ne doit être ni trop droit ni trop courbé; mais médiocrement penché. Lorsqu'on donne le coup, le corps doit se soutenir par la force des reins, en tournant doucement vers l'arrière, seulement de la ceinture à la tête, car la rotation ne doit pas se communiquer aux jambes. La tête, quoique tournant, ne doit pas perdre la boule de vue.

Ce demi-tour du corps, qu'on appelle jouer des reins, permet de frapper la boule avec telle force qu'on voudra.

Avant de frapper la boule, on en approche le maillet, puis on élève celui-ci sans trop de précipitation. On le tient un instant dans sa plus grande hauteur, puis on frappe rapidement.

Mains, bras.

Les mains ne doivent être ni trop rapprochées ni trop éloignées l'une de l'autre ; les bras ni trop raides ni trop allongés, mais souples, afin que le coup soit donné avec aisance et facilité.

La main gauche, qui se trouve la plus rapprochée du joueur, doit avoir le pouce vis-à-vis le milieu de la masse ; le pouce de la main droite doit croiser un peu en biais sur les extrémités des autres doigts. Si, en levant les mains pour donner le coup, on n'a pas le pouce droit ainsi croisé, la masse variera de direction en tombant sur la boule et ne la frappera pas au point voulu. Le pouce ainsi consolidé par le contact des autres doigts est plus solide et donne plus de force au poignet, dont l'action doit être vive et rapide.

Pieds.

Pour être bien sur sa boule, il faut être très assuré sur ses pieds ; la posture doit être naturelle et aisée.

La boule doit être vis-à-vis le talon gauche ; le pied doit ne pas être trop reculé.

On ne doit pas baisser le corps ou plier le genou

au moment où l'on frappe, car c'est grâce à des mouvements de cette sorte qu'un joueur manque de mesure ou de justesse.

On doit suivre scrupuleusement toutes ces observations, si l'on veut arriver à être fort au croquet.

Il faut éviter d'être trop longtemps à mesurer son coup; un seul tâtonnement doit suffire quand on a quelque peu l'habitude du jeu. Chose digne de remarque : ce sont les joueurs qui restent le plus longtemps à tâtonner sur leur boule, qui jouent le plus mal. D'un autre côté, il ne faut pas oublier que le croquet est un jeu d'agrément, et que, pour rester tel, il est nécessaire qu'on joue sans hésitation et avec la meilleure grâce du monde.

LES JEUX DE QUILLES

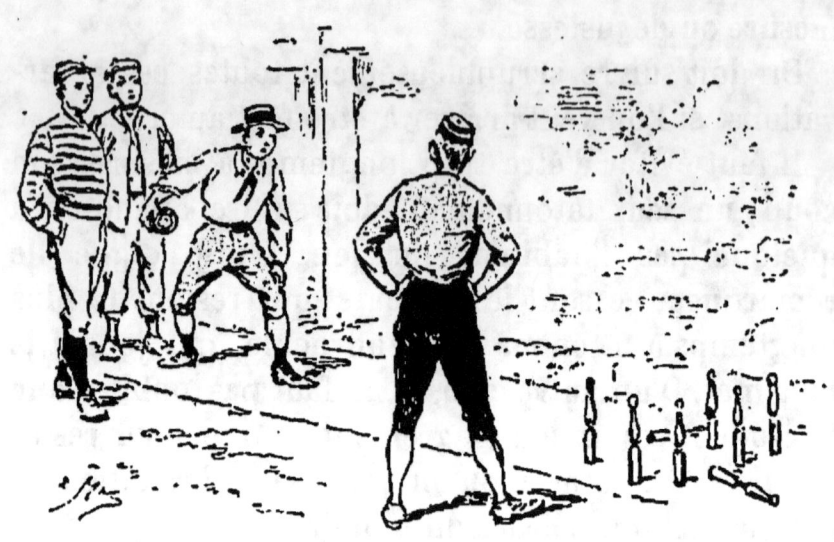

Les Quilles.

Le jeu se compose de neuf quilles et d'une boule. Les neuf quilles sont disposées en carré de façon à présenter trois rangées de trois quilles. On se poste à une distance déterminée et on jette la boule au milieu du jeu de façon à abattre le plus possible de quilles.

En général, chaque joueur joue à tour de rôle et deux coups de suite. Le vainqueur est celui qui arrive le premier à abattre un certain nombre de quilles.

Quelquefois, on convient que la quille du milieu

compte pour 3, les quilles des angles pour 2, et les autres quilles pour 1.

Dans les campagnes les paysans jouent aux quilles à celui qui le premier réussit à avoir à son actif trois coups dans lesquels trois quilles ont été abattues à la fois.

Les marchands de jeux construisent des quilles et des boules en chenille, ce qui permet de jouer à ce jeu dans les appartements sans faire de bruit et sans risquer de rien casser.

Les Quilles sur table.

Ancien jeu ainsi décrit dans l'*Encyclopédie* :

« Neuf petites quilles sont rangées trois par trois sur un plateau. Ces quilles se dressent au moyen de neuf cordons qui correspondent à un nœud qu'on tire au-dessous du plateau.

« Pour jouer, on fait tourner la boule autour d'une flèche à laquelle cette boule est attachée et suspendue par un cordonnet. La boule étant ainsi lancée se déroule de la flèche, et, venant s'agiter au milieu du jeu, elle abat plus ou moins de quilles. Chaque joueur compte le nombre de quilles qu'il abat de cette manière. Celui qui parvient le premier au nombre juste de 100, gagne, mais s'il fait plus de 100, il crève en se retirant du jeu et revient à 50.

« La règle est comme celle du grand jeu de quilles, qu'on joue à terre, en lançant une grosse boule que l'on fait partir d'un but dont on convient. »

Les Trois Quilles.

Jeu forain dans lequel on cherche à abattre trois

quilles avec deux boules. Celui qui réussit à accomplir cet exploit gagne généralement un canard ou un lapin.

Les quilles sont placées, bien entendu, sur une même ligne faisant face au joueur; leur base est large de façon que, lorsqu'elles sont en contact, les quilles sont justement distantes du diamètre des boules.

Il va sans dire qu'on ne peut espérer abattre deux quilles d'une même boule qu'en lançant celle-ci à la base même des quilles.

La Galline.

Un nombre quelconque de joueurs.

On trace un cercle et la galline, sorte de grosse quille, est placée au centre. Un des joueurs, tiré au sort, est chargé de la garde de la galline et se tient auprès d'elle.

Les autres joueurs, munis chacun d'un gros palet, tirent chacun à tour de rôle sur la galline d'un point déterminé.

La galline n'ayant pas été abattue, si le palet est demeuré dans le cercle, il est fait prisonnier, mis sous elle et le joueur correspondant est mis hors du jeu. Si le palet n'est pas dans le cercle, le joueur a le droit de chercher à le reprendre, à condition de ne pas être touché par le gardien, qui doit, du reste, rester toujours un pied dans le cercle. Donc si le galet est loin du cercle, il peut être ramassé sans risque; dans le cas contraire, si le joueur est touché par le gardien, il prend sa place.

Si la galline est renversée, le gardien se met à la

poursuite des joueurs et ceux-ci, tout en essayant d'échapper, tâchent de rentrer dans le cercle.

Si l'un d'eux vient à être pris, il devient gardien.

Sinon la partie recommencera avec le même gardien.

A chaque changement, les palets prisonniers sont rendus à leurs propriétaires.

La Bique.

Un nombre quelconque de joueurs. On tire au sort à qui sera le berger. Celui-ci met l'une au-dessus de l'autre deux quilles, dont l'une assez grosse est la bique et l'autre plus petite est le biquet.

Tous les joueurs sont munis de bâtons avec lesquels ils abattent les deux quilles. Le berger les ramasse, les met l'une sur l'autre et cherche alors à frapper l'un des joueurs avec son bâton. S'il y réussit avant que la bique ait été de nouveau renversée, le joueur atteint devient berger. Mais si, avant qu'il ait touché personne, la bique a été jetée par terre, il doit cesser la poursuite, relever la bique et le biquet, pour se remettre ensuite à courir après les autres.

LES JEUX DE BILLARD

Le Billard chinois.

Le billard anglais est constitué par une table inclinée, parsemée d'arches en fil métallique. Sur le
côté gauche se trouve un canal par lequel, à l'aide
d'une queue, on lance la bille. Celle-ci, après avoir
dépassé le canal, doit tomber au milieu des arches :
elle est renvoyée de l'une à l'autre et finit enfin par
tomber dans des cases portant des numéros plus ou
moins élevés.

On joue à ce jeu un nombre quelconque de personnes et on cherche à qui parviendra le premier à
un total de points déterminés. Chaque joueur joue
trois billes de suite.

Il y a en général une sonnette au milieu des obstacles et quand on réussit à la faire sonner, on
compte un certain nombre de points supplémen-
taires.

Le Billard anglais.

Le billard anglais est analogue au billard chinois,
seulement les obstacles y font défaut.

On y joue de la même façon.

Le Billard belge.

On joue au billard belge à l'aide de palets qu'on pousse avec des queues.

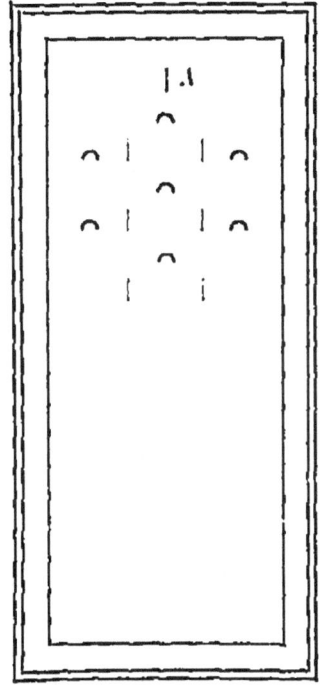

Il s'agit de se rapprocher le plus possible de la fiche A, que protègent une série d'arceaux et d'autres fiches.

Les joueurs se partagent en deux camps qui jouent chacun avec six palets. On a le droit de pousser les palets déjà joués. Tout palet, qui tombe dans le fossé qui entoure le billard, ne compte pas.

Les palets joués, le camp qui a le palet le plus proche de A compte à son actif un nombre de points égal à celui des palets lui appartenant plus rapprochés de A que le premier palet des adversaires.

On joue la partie en douze points.

Le Billard aux neuf billes.

Jeu d'adresse auquel on joue dans les foires.

Neuf billes sont disposées à l'extrémité du billard comme les quilles au jeu du même nom. Le joueur se propose avec trois autres billes de les déplacer toutes les neuf.

On enlève au fur et à mesure les billes déplacées.

Afin de reconnaître si le déplacement a eu lieu,

l'emplacement des billes est indiqué par des pains à cacheter collés sur le tapis.

Le joueur est libre de placer les billes avec lesquelles il joue où il veut, sans dépasser toutefois une ligne tracée sur le billard.

La Bagatelle.

La *bagatelle* est un jeu de billard que l'on joue en Angleterre.

Le billard présente à l'une de ses extrémités, près d'un des petits côtés, neuf cavités portant des numéros de 1 à 9. L'une d'elles, portant le plus gros numéro, est au centre et les huit autres sont réparties autour, suivant un cercle.

Une bille est placée un peu en avant des cavités.

Les joueurs lancent une bille de l'autre extrémité du billard de façon à toucher la bille des cercles et à les loger autant que possible l'une et l'autre. Ils comptent dans tous les cas le nombre de points qu'ils ont pu obtenir.

On joue la partie en un certain nombre de points.

———————

LES JEUX DE BILLES

Les Billes.

Les billes portaient autrefois en France le nom de *gobilles*; ce nom est encore porté par les petites sphères dont on fait usage dans certaines industries. En certaines provinces, on les nomme aussi *canettes* et *boulettes*.

Il semble qu'elles furent inventées sous le règne de l'empereur Auguste.

Les billes constituent des jeux relativement paisibles et, pour cette raison, l'époque la plus favorable, pour que les enfants s'y livrent, est l'été.

Elles sont pleines d'attraits, non seulement à cause des nombreuses combinaisons auxquelles elles donnent lieu, mais encore pour les bénéfices qu'elles produisent; rien n'est plus susceptible, en effet, que d'exciter l'émulation des enfants que l'appât d'une récompense pouvant couronner leurs efforts.

On lance la bille de deux manières, soit de la *façon naturelle*, en la tenant entre les trois premiers doigts et la laissant échapper après un balancement du bras, soit en *calant*, c'est-à-dire en la tenant sous le pouce replié et la lançant avec ce doigt qui agit comme un véritable ressort.

Les Chinois, qui ne font rien comme nous, jouent aux billes en les pinçant entre le pouce et l'index et réussissent de la sorte à les lancer très loin et avec beaucoup de précision.

La Poursuite.

On joue à ce jeu avec de grosses billes appelées *boulets*, qu'on lance de la *façon naturelle*. On peut y jouer plusieurs à la fois, mais le vrai jeu est à deux.

On fait choix d'une allée longue et droite.

L'un des joueurs lance son boulet, le second cherche alors, en envoyant le sien, à toucher celui du premier; puis, c'est au premier joueur à jouer à son tour et ainsi de suite jusqu'à ce que l'un d'eux ait touché. Celui-ci compte alors un point et la partie recommence, le joueur, qui a compté le coup précédent, jouant le premier. Le gagnant est celui qui parvient le premier à compter dix points et il reçoit de son adversaire, pour prix de la victoire, un nombre de billes convenu à l'avance.

La Tapette.

Un nombre quelconque de joueurs, tous munis du même nombre de billes.

Ils se mettent à une certaine distance d'un mur et lancent chacun une de leurs billes; ils se classent suivant les distances au mur auxquelles les billes sont parvenues, mais en observant que c'est le joueur dont la bille est la plus éloignée qui reçoit le numéro 1, que c'est le joueur dont la bille est la plus rapprochée qui est classé le dernier et que les autres reçoivent des places intermédiaires.

Ces préliminaires accomplis, le premier joueur tape une bille contre le mur, puis les autres successivement font de même et, quand la bille de l'un des joueurs vient à en rencontrer une autre, ce joueur ramasse toutes les billes qui ont été jouées.

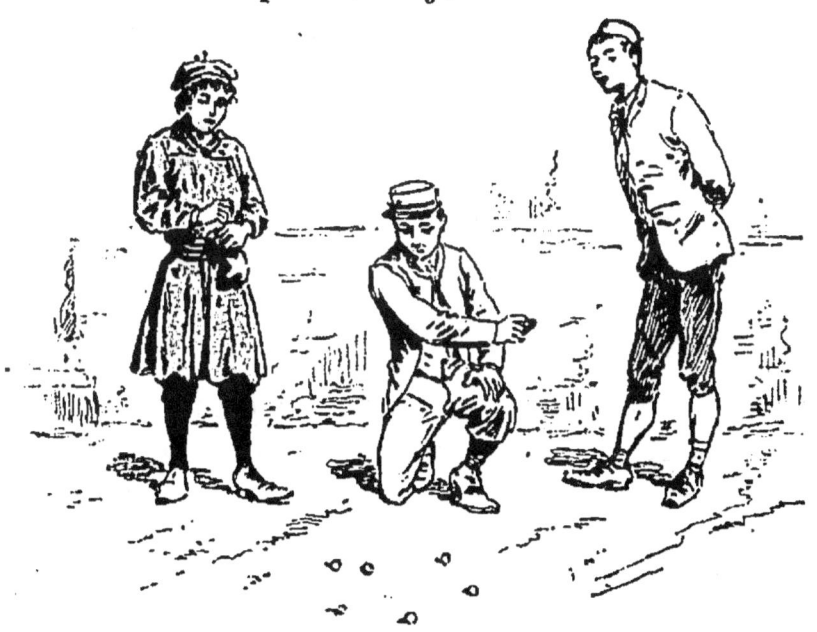

S'il arrive que les joueurs aient lancé toutes leurs billes, sans qu'aucune ait été atteinte, la partie se continue, chaque joueur, à tour de rôle, jouant à son choix avec une des billes déjà lancées; et le tout, comme précédemment, appartient à celui qui le premier réussit à toucher.

La Belle Bille.

Un enfant, qui a déjà en lui l'étoffe d'un banquier, s'écrie : « La belle bille! Qui veut gagner la belle bille? » et il expose à tous les regards une superbe bille de marbre, de verre ou d'agate aux reflets irisés ou ondoyants. Les camarades se précipitent à l'envi et, quand le possesseur de la belle bille a ramassé un nombre suffisant d'amateurs, il la place au centre d'un petit cercle, près d'un mur, trace au loin une ligne sur le sol et chacun, se tenant en dehors de cette ligne, cherche, en lançant des billes communes, à atteindre la belle bille, objet des convoitises. Celle-ci devient la propriété du joueur assez adroit pour faire sortir cette dernière de son cercle.

Le banquier trouve sa compensation dans les billes jouées, qui, toutes, deviennent sa propriété.

L'Aqueduc.

Un écolier a fabriqué un petit *aqueduc* consistant en un simple morceau de bois présentant neuf arches numérotées. Chacune de ces arches est telle qu'une bille peut y passer avec aisance.

Il fixe l'aqueduc à terre et donne à tirer aux joueurs qui se présentent.

Ceux-ci, se portant à une distance déterminée, lancent bille sur bille afin de leur faire franchir les arcades. Quand une bille rencontre un pilier, le joueur paie une bille; quand une bille passe par une arche, le possesseur de l'aqueduc paie un nombre de billes égal au chiffre d'unité que porte le numéro de cette arche.

Les Piles de boulets.

Ce jeu est tout à fait analogue à celui de la belle bille qui est remplacée par une pile faite à l'aide de

billes, à l'image des anciennes piles de boulets. Ces
piles pourront par conséquent être de trois espèces,
à base triangulaire, carrée ou rectangulaire et leur
confection pourra servir d'apprentissage aux enfants
qui se destinent au noble métier d'artilleur.

Les joueurs tirent à tour de rôle à boulets rouges
sur la pyramide, cherchant à la démolir et à en faire
sortir du cercle qui l'entoure les billes qui la composent. Quand ils y réussissent, ils empochent ces
dernières; ils paient, au contraire, une bille au
banquier pour chaque coup joué en pure perte.

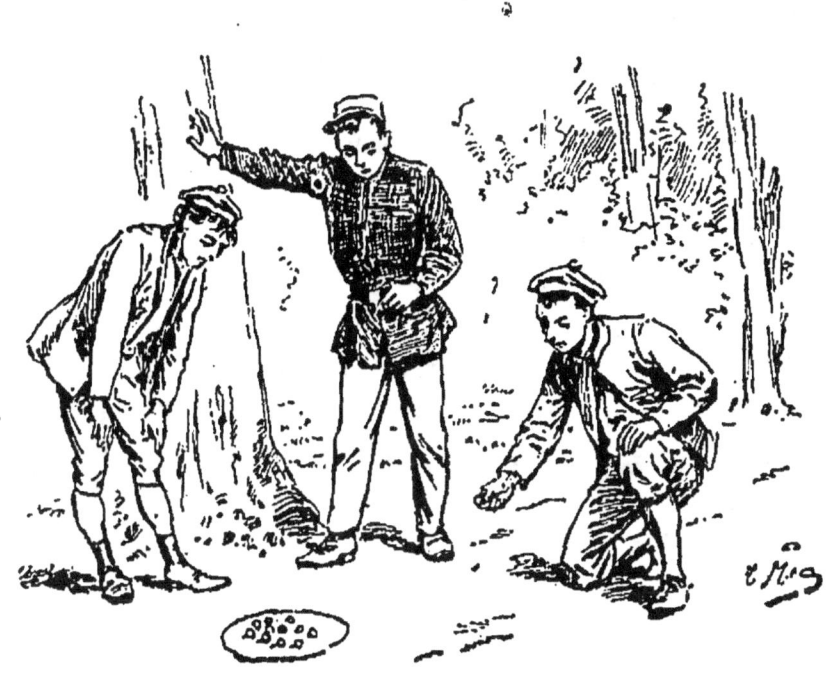

La Rangette.

Un nombre quelconque de joueurs.

On trace une figure quelconque sur le sol, un cercle,
un triangle, un carré, un losange, etc., mais plus
généralement un cercle.

Chaque joueur met dans le cercle le même nombre de billes et chacun jette du cercle sa bille vers une ligne tracée à une certaine distance, de façon à déterminer l'ordre dans lequel il sera joué.

Cela fait, chacun joue de la ligne vers le cercle, suivant l'ordre établi, et chacun jouera par la suite, d'après cet ordre, en se plaçant à l'endroit où se trouve sa bille.

On cherche à ce jeu à faire sortir du cercle les billes qui s'y trouvent, car alors elles deviennent votre propriété, mais il faut avoir soin de ne pas y laisser sa propre bille, car dans ce cas, on est déclaré *mort* et on se retire de la partie.

On a le droit pour se rapprocher du cercle de tirer sur les billes des autres joueurs et on peut même les *tuer* en les faisant entrer dans le cercle. Quand on a touché une autre bille ou qu'on a fait sortir une ou plusieurs billes du cercle, on continue à jouer et toujours ainsi jusqu'à ce qu'on ait manqué.

La partie se termine par l'enlèvement de toutes les billes du cercle ou lorsqu'il ne reste plus qu'un joueur par suite de la mort des autres. Dans ce cas, c'est le joueur restant qui empoche les billes restantes.

On joue en calant.

Le Pot.

Des joueurs en nombre quelconque; cependant, au delà de six, le jeu devient un peu embrouillé.

On fait un trou en terre, ni trop grand, ni trop petit, qu'on appelle le *pot*. A 2 mètres de là, on trace une ligne sur le sol.

Les joueurs, munis chacun d'une bille, la lancent du pot vers la ligne, et, d'après leur distance à cette dernière, déterminent l'ordre d'après lequel ils doivent jouer.

Ayant repris leurs billes, ils jouent de la ligne vers le pot; puis, à tour de rôle, chacun se propose de mettre sa bille dans le pot et de toucher au moins une fois une des autres billes.

Pour ce faire, on joue toujours de l'endroit où se trouve sa propre bille et on la pousse en calant.

Si on commence à faire le pot, on joue un second coup pour tâcher de toucher une bille et, si on y parvient, on se retire du jeu. Si non, on y demeure jusqu'à ce qu'on ait réussi à choquer un bille.

On peut commencer par toucher une bille, et, dans ce cas, on joue une seconde fois et même une troisième, une quatrième, etc., tant qu'on rencontre des billes, de façon à se rapprocher du pot, par lequel on termine.

Enfin quelle que soit la façon dont la partie se soit déroulée, il arrive toujours un moment où tout le monde, sauf un, est sorti du jeu; c'est alors le joueur resté en détresse qui est soumis à un régime particulier.

Il se porte à la ligne et lance sa bille vers le pot; s'il réussit à y entrer, tout est dit et la partie recommence. Mais s'il n'y parvient pas, ce qui est le cas le plus habituel, chaque joueur, à tour de rôle, en suivant l'ordre de sortie du jeu, s'attache à l'en éloigner avec sa bille. Quand tous ont joué, le malheureux, de l'endroit où sa bille a été renvoyée, cherche à aller dans le pot; on l'en éloigne de nou-

veau et ainsi de suite, jusqu'à ce qu'il soit parvenu à s'y loger.

Cette seconde phase du jeu, qui est de beaucoup la plus amusante, porte le nom particulier de *trime*.

On joue également à ce jeu avec les grosses billes appelées boulets.

Les Villes.

C'est le jeu du pot amplifié. On trace un carré; au centre et aux quatre sommets, on creuse des pots. On peut même en faire sur les milieux des quatre côtés.

Le centre représente la place forte et les autres pots sont les forts détachés.

On joue chacun à son tour, cherchant d'abord à entrer dans la place forte, puis on se propose de parcourir tous les forts successivement. On a le droit d'écarter, en les choquant, les billes que l'on rencontre sur son passage et on joue trois coups de suite.

Le gagnant est le joueur qui est parvenu le premier à prendre toutes les villes.

Le Serpent.

Comme les villes, le *Serpent* est une variété du jeu de pot.

On trace sur le sol un serpent qui se replie sur lui-même et, à l'endroit de l'œil, on creuse un pot.

On joue, en commençant, en partant du bout de la queue et on se propose d'arriver au pot le premier.

On doit observer qu'il ne faut pas sortir de l'intérieur du serpent, ni que sa bille soit sur les raies, ni aux endroits où le serpent se recouvre. Sans quoi on recommence à jouer à la queue.

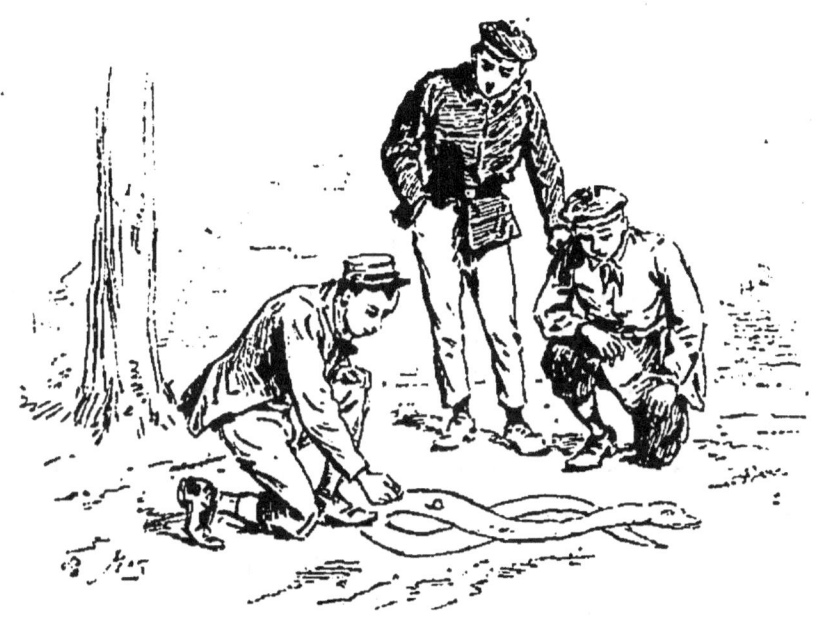

On peut écarter les billes des adversaires et, dans ce cas, ceux-ci recommencent à jouer de la queue.

La Bille au Dé.

Plusieurs joueurs tirent à tour de rôle sur un dé et, chaque fois qu'ils le touchent, ils comptent à leur avoir le nombre de points amenés.

Le gagnant est celui qui atteint le premier un total déterminé.

Les joueurs lancent toujours leur bille du même point et le dé, quand il a été déplacé, est toujours remis au même endroit; on le dispose à chaque fois de façon que la face supérieure soit 1 et que 2 soit celle tournée vers le joueur.

La Bille entre les Doigts.

Un pot et une raie à un mètre environ.

On détermine qui sera le patient et l'ordre dans lequel on jouera. Le patient, se baissant, présente en arrière du pot sa main tenue verticalement, les doigts enserrant la bille à leur naissance.

Les autres joueurs, à tour de rôle, lancent leur bille en calant de façon à faire sortir d'entre ses doigts la bille du patient. Lorsque cela se réalise, le patient offre sa bille pendant un tour supplémentaire.

Lorsque le supplice du patient a pris fin, il est remplacé par le dernier joueur.

Il peut cependant l'abréger en collant dans le pot, avec la main qui est exposée aux coups, la bille de l'un des joueurs et, dans ce cas, c'est ce dernier qui devient patient.

La partie de la main à exposer aux chocs des billes doit être l'intérieur.

Le Casse-Billes.

Un écolier jette une bille à terre; un autre lance son boulet dessus, afin de la casser.

Ils conviennent tous d'un pari d'après lequel le possesseur du boulet se propose de briser la bille en un nombre déterminé d'essais, dix plus généralement. Celui, au contraire, à qui la bille appartient, parie qu'il n'en sera rien.

Le pari consiste en un certain nombre de billes.

L'Énervant.

L'énervant consiste en un plateau circulaire présentant un creux en son centre : une bille se promène dans ce plateau, et il s'agit, en donnant des obliquités convenables, de faire arriver la bille dans le creux.

Ce jouet a reçu de nombreuses modifications qu'on trouvera ci-après.

La Patience astronomique.

Jeu dérivé de l'*énervant*.

Une boîte à couvercle de verre a un fond présentant en creux les divers astres composant le système solaire. Chacun de ces creux est d'une couleur particulière et il existe autant de billes présentant les diverses couleurs des cavités.

Le problème à résoudre consiste à amener chaque bille dans la cavité correspondante et à faire rentrer de la sorte les diverses planètes dans leurs orbites, dont elles étaient sorties sans se soucier des lois de la mécanique céleste.

Les Récalcitrantes.

Jeu analogue au précédent.

La boîte présente un plateau où se trouvent tracés en creux plusieurs cercles concentriques pouvant communiquer entre eux à l'aide d'échancrures. Cinq billes doivent être amenées au centre en suivant lesdits cercles.

Ce jeu était vendu, pendant l'Exposition de 1889, à l'hippodrome de Buffalo.

Les Quatre Souris et le jeu du « Matin ».

Dans les *quatre souris*, le plateau est un carré présentant aux quatre angles un canal médian. Le problème à résoudre consiste à amener une bille dans chacun des quatre canaux.

Le problème du *Matin*, auquel ce journal a fait une réclame monstre, est beaucoup moins intéressant. Il consiste à amener six billes de couleurs différentes dans six cases offrant les mêmes couleurs, chaque bille étant dans la case correspondante.

La Rampe et l'Ascension de la Tour Eiffel.

Dans ces deux jeux, il faut amener une bille à gravir une rampe plus ou moins longue au bout de laquelle se trouve son logement.

En résumé, tous ces jeux partent d'une seule et même idée, qui consiste à savoir incliner plus ou moins un plateau afin d'amener une ou plusieurs billes, qui s'y trouvent placées, en des points déterminés.

LES JEUX DE PALETS ET DE DISQUES

Le Palet.

Le palet, sous le nom de *disque*, était un des jeux favoris des Grecs. Le disque était d'un poids considérable et les athlètes se proposaient de l'envoyer le plus loin possible.

Le palet d'aujourd'hui ne demande pas grande force et n'exige que de l'adresse.

On y jouait au siècle dernier de la façon suivante, décrite par la *Grande Encyclopédie :*

« On jette une petite pièce de monnaie, comme un petit écu, qui sert de but. On lance ensuite de plus grosses pièces, comme des écus de six francs, le plus près du but qu'il est possible. Celui qui en approche le plus gagne un point.

« On joue deux contre deux, ou plusieurs, les uns contre les autres. Le joueur habile sait écarter son adversaire en pointant et dégotant son palet qui est près du but, et souvent il a l'adresse de prendre sa place. On convient d'un certain nombre de points qui donne gain à celui ou ceux qui y parviennent les premiers. »

On y joue encore aujourd'hui de la même façon.

Les Galets.

Cet ancien jeu est ainsi décrit dans la *Grande Encyclopédie :*

« C'est une espèce de jeu de disque que l'on joue en chambre, sur une table à rebords, longue et bien unie. On pousse des palets d'ivoire, de marbre ou de cuivre vers un but placé à l'extrémité de la table, et fort proche d'un endroit où les palets tombent et se perdent. L'adresse consiste à approcher le plus près du but qu'il est possible sans tomber dans le fossé ; on tâche d'éloigner ou de précipiter le palet de son adversaire qui s'y serait placé le premier, et de rester à sa place. Le galet qui se trouve le plus près du but gagne la partie. »

Le Tonneau.

Nous ne nous attarderons pas à donner la description de ce jeu, qui se trouve dans toutes les maisons de campagne.

On y joue avec des palets en nombre déterminé, qu'on lance de façon à les faire pénétrer dans les ouvertures pratiquées à la partie supérieure de la caisse et qui correspondent à des nombres variables.

Le gagnant est évidemment le joueur qui a réalisé le total le plus élevé.

Le Bouchon.

Le bouchon est un jeu démocratique, mais il n'en exige pas moins une grande dose d'adresse et de savoir-faire.

On y joue un nombre quelconque de joueurs, chacun pour soi.

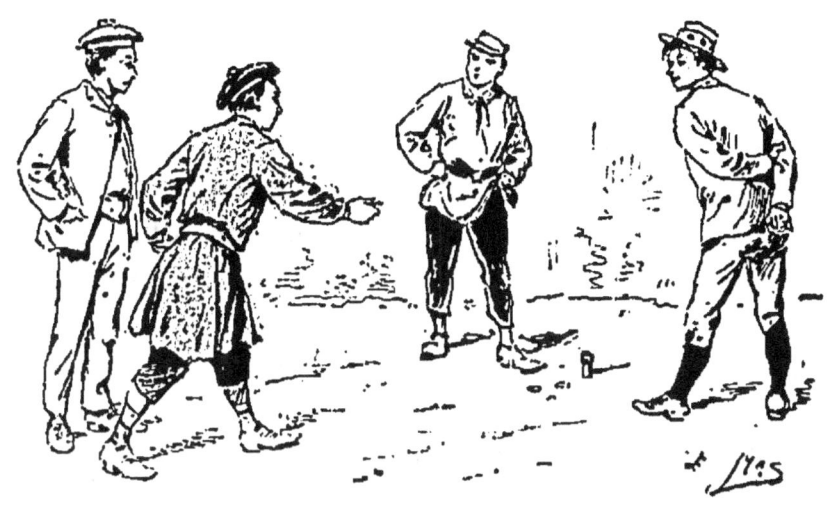

Chaque joueur pose sur le bouchon sa mise, consistant en une ou plusieurs pièces de monnaie ; puis lance un des deux palets dont il est muni vers une ligne tracée sur le sol à une certaine distance, afin qu'on puisse déterminer l'ordre dans lequel on jouera.

Cela effectué, les joueurs jouent de la ligne vers le bouchon et cherchent à le démolir de façon à ce que les pièces de monnaie soient plus rapprochées de leurs palets que du bouchon ou des palets des autres joueurs. Toute pièce devient, en effet, la propriété du joueur dont le palet est le plus rapproché.

Chacun joue à chaque fois ses deux palets, l'un généralement pour se placer et l'autre pour démolir le bouchon.

Les deux coups joués, le joueur enlève un de ses palets, ne laissant que celui qui est le plus rapproché du bouchon.

La Galoche.

Jeu breton qui a de grandes analogies avec le bouchon.

On fait un trou en terre dans lequel chaque joueur met un même nombre de billes.

La galoche, qui est une petite quille, est placée près des billes, en dehors du trou et du côté de la raie de laquelle les joueurs doivent lancer leurs palets.

Cette raie est à quatre pas du trou.

Les joueurs, en suivant un ordre fixé d'avance, jettent chacun à tour de rôle deux palets, l'un pour se placer, l'autre pour renverser la galoche. Si l'un des joueurs ne réussit pas à produire ce renversement, c'est au joueur suivant à jouer, après que le précédent a enlevé ses palets.

Quand la galoche est renversée, si elle demeure plus près des billes que les palets, elle est redressée à sa place primitive et le joueur double sa mise. Sinon, les billes sont gagnées par le joueur.

Les Disques.

Le jeu de disques comporte une table basse sur laquelle se trouvent représentés des cercles. Il y a, en plus, un certain nombre de disques en cuivre ayant exactement la même dimension que les cercles. Il s'agit de jeter, d'une certaine distance, les disques sur la table de façon à couvrir complètement un des cercles. Le joueur le plus habile est celui qui parvient à ce résultat avec le moindre nombre de disques.

On joue ce jeu dans les fêtes publiques.

Les Assiettes.

On joue à ce jeu à l'aide d'une table longue et
étroite et d'assiettes de bois. Il y a deux joueurs
ayant chacun sept assiettes portant un signe distinc-
tif. Ils se placent à une des extrémités de la table et
lancent les assiettes à l'autre bout. Le sort a désigné
celui qui doit jouer le premier et les assiettes sont
jetées une à une alternativement par chaque joueur.

On se propose de couvrir le plus grand nombre de
ces assiettes sur la table et de jeter à terre celles de
l'adversaire.

Toutes les assiettes ayant été jouées, chaque joueur
compte le nombre des siennes restées sur la table,
et celui qui en a le plus compte à son actif un nombre
de points égal au total des assiettes demeurées sur la
table.

On joue la partie en un certain nombre de points.
Un coup terminé, on en recommence un autre, et
c'est le joueur qui, dans le coup précédent, avait joué
le premier, qui devra, cette fois-ci, jouer le second.

Les Squails.

Les *squails* sont de petits palets. Comme il y a
deux camps, il y a des squails de deux couleurs différentes. Les joueurs se mettent autour d'une table
circulaire, chacun d'eux ayant à ses côtés des joueurs
du parti adverse.

On applique exactement les règles du jeu de boules
à cochonnet. Un palet plus petit, appelé *vagabond*,
est mis au centre de la table, et chaque joueur joue
successivement deux palets.

Les palets sont lancés en les mettant sur le bord de la table et la dépassant d'une certaine quantité ; on les pousse, dans ces conditions, en les choquant avec la paume de la main.

La Sauterelle.

La *sauterelle* est la marelle des salons. Sur un tableau qui représente à peu près la marelle ordinaire, on fait marcher un jeton à l'aide d'un autre, manié comme l'indique la figure.

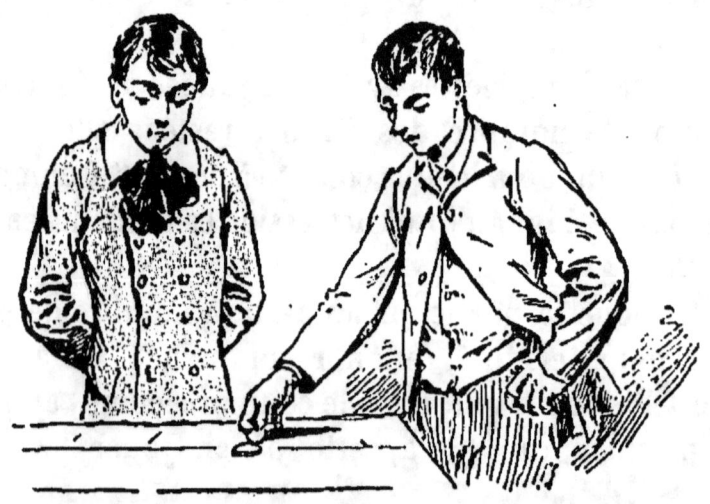

On observe, pour le chemin à faire parcourir au jeton, les règles habituelles à la marelle.

Les Ricochets sur l'eau.

Voilà un des divertissements les plus agréables, non seulement pour les enfants, mais encore pour les grandes personnes.

On a soin de choisir des pierres plates, ni trop petites, ni trop grosses, et on les lance sur l'eau, en ayant soin de leur donner la plus faible inclinaison possible ; en même temps, on les anime d'un mouvement de rotation de façon à ce que leur surface plane demeure horizontale. En opérant de la sorte, les pierres ne tombent point dans l'eau, mais rebondissent et produisent une série de ricochets allant en s'affaiblissant et du plus heureux effet.

LES JEUX DE BAGUES ET D'ANNEAUX

Les Bagues.

Ce jeu constitue une attraction ajoutée aux chevaux de bois.

Ceux-ci tournent devant une boîte élevée, dans laquelle on met des anneaux à ressorts, que les enfants, armés d'une tige de fer emmanchée, cherchent à enfiler. Celui des enfants qui, à la fin de la partie, a enlevé le plus de bagues est proclamé vainqueur et demeure un tour de plus à cheval sans avoir rien à payer au propriétaire du jeu.

Le Quoit.

Le *Quoit* est un jeu d'adresse auquel on joue en Angleterre avec un anneau en fer qu'on lance à une certaine distance sur un piquet, de façon à l'y enfiler.

La distance doit être variable suivant l'habileté des joueurs ; on peut la porter jusqu'à 30 mètres.

Les Anneaux.

Etant donnée une planche horizontale présentant une série de clous verticaux, on se propose, en se mettant à une certaine distance, de lancer des anneaux de telle sorte qu'ils retombent en s'enfilant sur les clous.

Quand on joue plusieurs à ce jeu, chacun, à tour de rôle, jette, à l'affilée, le total des anneaux, et le gagnant est celui qui parvient à enfiler le plus grand nombre d'anneaux.

Les forains donnent à jouer à ce jeu; ils remplacent les clous par des couteaux, qui deviennent la propriété de ceux qui réussissent à y enfiler des anneaux.

Anneaux et Balles.

Jeu d'adresse à double fin.

Un plateau supporte sept piquets, ayant chacun un numéro; on lance des anneaux de façon à les enfiler·

On peut surmonter les piquets de coupes et alors, on lance des balles de façon à les loger dans les coupes.

La Bague polonaise.

Une planche inclinée porte des crochets; un anneau est suspendu à un point fixe par une ficelle; on déplace l'anneau de la verticale, en donnant au fil une certaine torsion, puis on l'abandonne. Il vient, en oscillant, frapper la planchette, et si son mouvement a été bien combiné, il se fixe à l'un des crochets.

La Pêche.

Le jeu de la pêche comporte douze quilles, munies à leur partie supérieure d'un crochet. On les dispose autour d'un cercle.

Les personnes qui veulent prendre part à ce jeu, sont munies de petites lignes pourvues d'un anneau à leur extrémité.

Il s'agit de mettre l'anneau de la ligne dans le crochet des quilles ; on opère ainsi l'enlèvement de ces dernières.

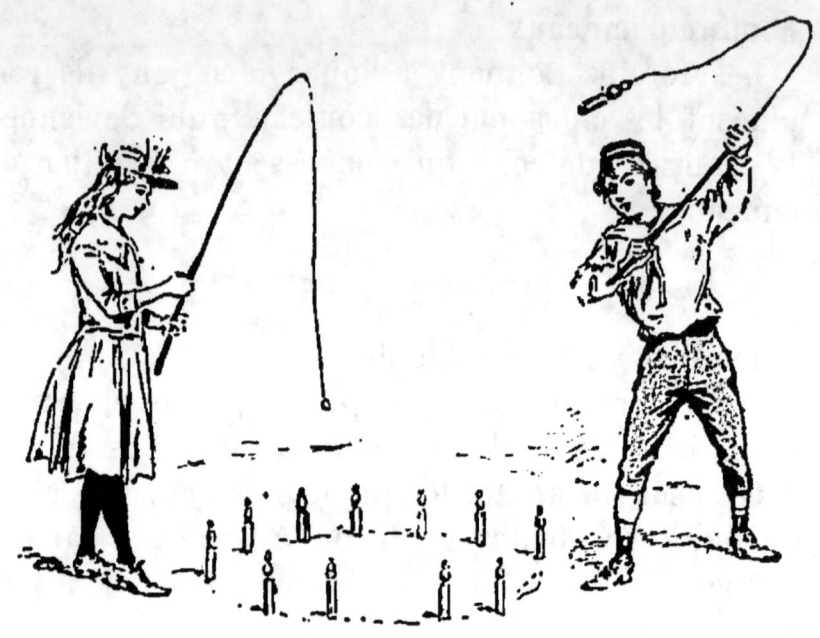

Le gagnant est celui qui parvient le premier à enlever un certain nombre de quilles ; on a soin de les remettre en place, au fur et à mesure qu'on les enlève.

Les deux Entêtés.

Les deux entêtés constituent un jeu d'adresse beaucoup plus intéressant. C'est une sorte de bilboquet des plus réussis.

Il consiste en une petite boîte carrée, fermée à couvercle de verre. Au centre se trouve une tige fixe verticale, en dehors de laquelle sont deux petits anneaux en liberté. Il faut, à l'aide de mouvements analogues à ceux qu'on imprime à un bilboquet, réussir à enfiler les deux anneaux dans la tige.

LES TIR

L'Arbalète.

Exercice où le Suisse Guillaume Tell acquit une gloire éclatante et par lequel il fonda la liberté de sa patrie; on n'y joue plus guère que dans les foires.

La flèche dont on fait usage est, en général, un cylindre de bois terminé par un clou; on tire sur une planchette verticale qui présente un certain nombre de régions déterminées par des cercles concentriques portant différents numéros. On cherche, bien entendu, à atteindre la région la plus centrale.

Chaque région porte un numéro et quand la partie a lieu entre plusieurs joueurs, chacun joue à son tour, compte chaque fois le nombre de points obtenus et le joueur qui parvient le premier à atteindre un total déterminé est proclamé vainqueur.

L'Arc.

On joue à l'arc de la même façon qu'à l'arbalète; mais le premier de ce jeu exige une adresse et une pratique plus grande que le second; en revanche, il est d'un bien plus joli effet, surtout quand on arrive à l'exécuter à grande distance.

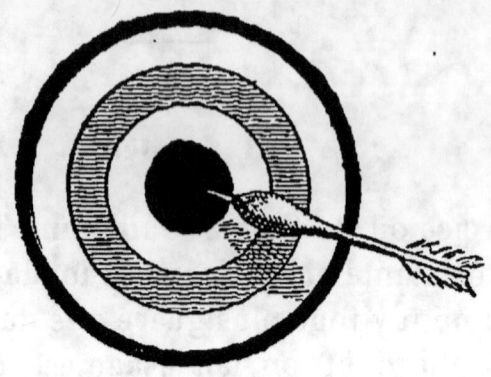

Les Fléchettes.

Ce jeu est fait pour les grandes personnes, car il peut être dangereux pour les enfants.

Il consiste à lancer des flèches à la main contre une cible. Cette cible est partagée en un certain nombre de cercles auxquels on attribue des numéros d'autant plus gros que les cercles sont plus petits.

On joue à qui arrivera le premier à un total fixé d'avance.

La Fronde.

Comme l'arc et l'arbalète, la fronde est une ancienne arme de guerre. Qui ne se rappelle, en effet, que c'est grâce à la fronde que David vainquit le géant Goliath ?

La fronde se compose d'un cuir de 20 à 30 centimètres de longueur et de 6 à 10 de largeur, aux extrémités duquel sont deux cordes.

Pour tirer une pierre, on la pose sur le cuir et on saisit les extrémités des cordes, l'une à demeure et l'autre de façon à pouvoir la laisser échapper au moment voulu. On fait tourner le tout avec force et on lâche l'une des cordes.

La Catapulte.

La catapulte est formée par un bois ayant la forme d'un U, dont les deux branches sont réunies à leur extrémité par une lanière en caoutchouc.

En tendant ledit caoutchouc, on peut profiter de la vitesse avec laquelle il revient sur lui-même pour tirer certains petits projectiles.

On peut remplacer le bois par les deux premiers doigts de la main, auxquels on fixe le caoutchouc.

La Sarbacane.

La sarbacane est un tube creux, plus ou moins long, de métal ou de verre, avec lequel on lance des boulettes de terre glaise. C'est à l'aide de la bouche, par un souffle rapide, qu'on produit cette projection.

Les petites boules ainsi lancées sont susceptibles d'étourdir un oiseau ; la sarbacane peut donc être employée comme arme de chasse, et avec un peu d'habitude, on ne tarde pas à y acquérir une certaine habileté.

Le Pistolet mécanique.

Ce pistolet est à ressort et lance des projectiles consistant en petits cylindres en bois, tout à fait inoffensifs pour les personnes et les objets.

On se propose avec cette arme de démolir de petites marionnettes.

DIVERS

Les Poignards.

Ce jeu consiste à lancer des poignards contre un panneau de bois vertical de façon à ce qu'ils s'y enfoncent en approchant le plus possible d'un point marqué à l'avance.

Cet exercice offre une certaine difficulté, car il est nécessaire, en lançant un poignard, de bien régler sa rotation de façon qu'il arrive au but par la pointe ; il y a, en outre, à tenir compte du point visé.

Les Espagnols sont de première force à ce jeu ; il leur arrive même quelquefois de faire usage de leur art dans les altercations et rien n'est plus dangereux dans ce cas que de recevoir un couteau lancé dans ces conditions.

La Chiquette.

La chiquette est un jeu dans lequel on cherche, en lançant un couteau en l'air, à le faire retomber de façon à ce qu'il entre dans la terre par la lame.

Les joueurs, à tour de rôle, lancent le couteau et le gagnant est celui qui parvient à le faire tomber de manière qu'il se fixe sur un morceau de bois fixé en terre et qui porte le nom de *chiquette*.

On varie les façons de lancer le couteau à chaque tour ; on le met en mouvement en le plaçant sous ou sur la main, sur le poing, en le faisant partir de différentes hauteurs, etc.

Le Boomerang.

Le boomerang nous vient de l'Océanie où il est employé par les sauvages comme arme de chasse pour atteindre les oiseaux.

Il consiste en une sorte de demi-cercle en bois de faible épaisseur.

Les naturels le lancent en lui imprimant un fort mouvement de rotation. Si le boomerang n'atteint pas le but, son mouvement de translation s'éteignant, il tend à tomber, mais, par suite de sa rotation, il ne peut effectuer verticalement son mouvement de descente et il revient sensiblement au point d'où il est parti.

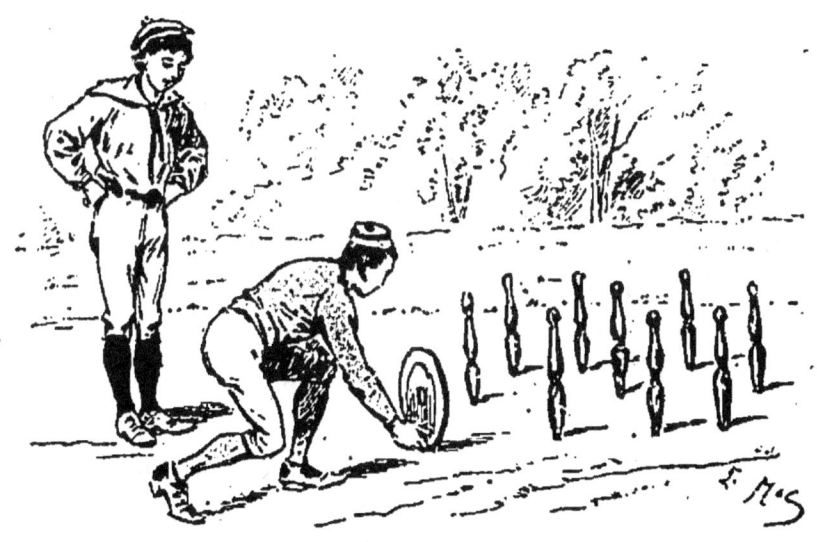

Le Siam.

Le *Siam* ou *quilles siamoises* est un jeu de quilles

ordinaires dans lequel la boule est remplacée par un grand palet taillé en biseau.

On lance le palet tangentiellement de façon à lui faire parcourir un cercle au milieu duquel se trouvent les quilles ; le cercle allant ensuite naturellement en se rétrécissant, le palet finit par atteindre les quilles et les renverser.

On joue à ce jeu en se proposant d'abattre le plus grand nombre de quilles.

Le Bâtonnet.

Deux joueurs. — Un cercle tracé sur le sol et ayant de 1 mètre à 1^m,50 de diamètre. On détermine au sort qui sera le *maître*; l'autre est le *serviteur*.

Le maître se met dans le cercle et lance avec un bâton le bâtonnet le plus loin possible. Le bâtonnet est, comme son nom l'indique, un petit morceau de bois allongé, renflé au milieu et aminci aux deux extrémités.

Le serviteur va chercher le bâtonnet et, de l'endroit où il se trouve, il essaie de le lancer de façon qu'il parvienne dans le cercle. De son côté, le maître cherche à le repousser avec le bâton.

Si le bâtonnet, une fois lancé, se trouve en dehors du cercle, le maître en sort, tape sur l'une des extrémités du bâtonnet et, pendant qu'il est en l'air, cherche à l'envoyer le plus loin possible.

Le jeu se continue de la sorte jusqu'à ce que le bâtonnet soit parvenu à être dans le cercle. Le serviteur devient alors maître et le maître serviteur.

Le Bouchenick.

Un joueur, qui est le *bouchenick*, cherche à lancer avec le pied un bâtonnet de façon à ce qu'il touche un camarade, qui deviendrait alors bouchenick à son tour.

Le bouchenick est gêné dans ses tentatives par les autres joueurs qui s'évertuent à donner des coups de pied au bâtonnet de façon à l'envoyer au loin.

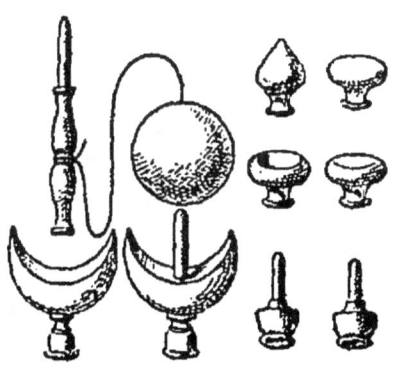

Le Bilboquet.

Le bilboquet a été mis à la mode en France par Henri III; sous Louis XV, il jouit aussi d'une très grande faveur. Il n'a jamais cesser de faire l'amusement de la jeunesse et même des hommes mûrs.

Tout le monde sait en quoi consiste ce jouet, qui peut être fait de toutes les dimensions.

On y joue tout seul, se proposant, en général, de faire un certain nombre de trous en trois coups.

On donne à la boule un mouvement circulaire, à l'aide d'une secousse imprimée au manche, et on cherche à faire entrer le manche dans le trou de la boule. Ce résultat obtenu, on saisit la ficelle avec la main restée libre et, par un mouvement convenable, on fait sortir la boule du manche en lui imprimant une certaine rotation et on cherche à l'emmancher de nouveau ; c'est ce qu'on appelle *faire des doubles*.

Au lieu d'enfiler la boule comme il vient d'être dit, on lui donne quelquefois un fort mouvement de rotation lorsqu'elle est pendante et on vient l'enfiler par-dessous.

On peut aussi envoyer la boule sur le plat du manche et chercher à l'y maintenir en équilibre.

On installe aussi sur le manche diverses pièces de rechange afin de varier les difficultés.

Les Plumes.

Voici la façon dont les écoliers jouent leurs plumes.

Ils les lancent, une à une, sur une table, chacun d'eux envoyant une plume à son tour. Celui qui parvient à lancer une plume, de façon à toucher l'une de celles déjà sur la table, ramasse le tout.

Pour opérer le lancement d'une plume, on la tient dans la main ouverte, la paume en dessus ; on imprime à la main un brusque mouvement d'arrière en avant de façon à faire porter les doigts sous le rebord de la table. Dans ces conditions, la main est arrêtée et la plume est projetée.

Le Coton en l'air.

Jeu de société fort divertissant et dans lequel il faut faire preuve de vivacité et d'adresse. Il est ainsi décrit dans les *Soirées Amusantes*, livre du siècle dernier :

Madame de la Rivière. — Ah ! l'abbé, je ne jouerai plus à votre vilain jeu du *coton en l'air*. Je n'en puis plus ; je suis encore tout essoufflée d'hier au soir.

Madame de la Haute-Futaie. — Savez-vous que ce jeu-là est très fatigant et qu'il pourrait devenir dangereux si on y jouait souvent.

Mademoiselle de la Haute-Futaie. — Vous avez donc bien joué hier au soir. Oh ! je suis fâchée d'avoir été me coucher après souper. C'est vous qui l'avez voulu, maman.

Madame de la Haute-Futaie. — J'en suis fort aise, ma fille ; vous avez la poitrine trop délicate, et le jeu du coton en l'air vous aurait trop fatiguée.

Mademoiselle de la Haute-Futaie. — Comment le joue-t-on ?

Mademoiselle Rose. — Ma bonne amie, nous avons fait un loto ; Mme Dubois a bien voulu s'humaniser ; elle a joué avec nous ; elle a eu un quine et deux quaternes, avec plusieurs ternes, de façon qu'en très peu de temps le loto a été fini. Elle n'a pas osé demander un second loto, et elle a bien fait, car on ne s'en souciait pas. L'abbé des Agneaux m'a dit tout bas : Elle en aura le démenti ; je m'en vais lui faire jouer un jeu à gages, sans qu'elle s'en doute. Alors, il a pris un petit flocon de coton qu'il a jeté en l'air au milieu de la table, il a soufflé, et chacun qui le voyait approcher, le renvoyait à son voisin, en soufflant ; celui sur qui il tombait payait un gage, et nous y avons joué fort longtemps.

L'abbé Printemps. — C'était un plaisir de voir souffler cette grosse Mme Dubois ; elle n'en pouvait plus, parce qu'elle riait beaucoup.

L'abbé des Agneaux. — Il ne faut pas rire à ce jeu-là, car, quand on rit, on ne peut pas souffler : c'est comme au spectacle, on ne peut pas bâiller et siffler.

Le Pot qui saute.

Sur un billot on a placé une planche. Un pot rempli d'eau est mis à l'une des extrémités, l'autre est libre. Au-dessus, se trouve une corde tendue.

Les concurrents doivent se proposer, par un coup de pied donné sur l'extrémité libre de la planche, de faire sauter le pot en l'air, de le faire passer par-dessus la corde et de le recevoir au passage.

Les Osselets.

Ce jeu remonte à la plus haute antiquité.

L'osselet est le petit os qui forme l'articulation du gigot dans le mouton; mais, dans la pratique, on fait plutôt usage d'osselets en ivoire ou en bois.

Les osselets sont surtout pratiqués par les jeunes filles que leur vivacité rend plus aptes à ce jeu que les jeunes garçons.

Le nombre des osselets dont il est fait usage est variable de quatre à huit.

On y joue généralement plusieurs personnes, qui doivent successivement exécuter divers exercices dont voici la nomenclature :

Tout dans la main gauche. — On jette de la main droite tous les osselets en l'air et on les reçoit sur le dos de la même main. Ceux qui y sont restés sont envoyés dans la main gauche. Puis, on jette un osselet en l'air avec la main droite et, en même temps, de la main gauche, on ramasse un des osselets à terre, et ainsi de suite jusqu'à ce que cette dernière main contienne tous les osselets.

Les dos, les creux et les plats. — Le joueur jette un osselet en l'air de la main droite et l'y reçoit pendant que la main gauche répand tous les autres à terre. La main droite continue à jeter et à recevoir un osselet, pendant que la gauche, prenant chaque osselet à son tour, le place le dos en l'air.

On fait le même exercice en mettant en l'air les creux ou les plats.

Le puits et la passe. — Les osselets étant répandus à terre, on place la main gauche sur le sol en l'arrondissant vers le haut et en laissant une ouverture entre l'index et le majeur, ouverture qu'on appelle le *puits*. Puis on jette de la main droite un osselet en l'air et, sans perdre de temps, la même main droite doit prendre un des osselets et le passer dans l'ouverture de la main gauche, et recevoir l'osselet qu'elle a lancé. Successivement, chaque osselet doit entrer de cette façon dans la main gauche.

La *passe* est un exercice analogue, seulement l'ouverture est constituée dans la main gauche entre le pouce et l'index.

La rafle. — La main droite lance toujours en l'air un osselet et le rattrape, pendant que la main gauche met sur le plat d'abord un, puis deux, puis trois osselets.

La fricassée. — La main droite ayant jeté un osselet en l'air, la main gauche est tenue de ramasser d'un seul coup tous les osselets répandus sur le sol. La main droite jette ensuite deux osselets à la fois et la main gauche ramasse les osselets restants, et ainsi de suite, la main droite jetant à chaque coup un nombre d'osselets de plus en plus grand et la main gauche en ramassant de moins en moins.

JEUX SANS PROJECTION

LES JEUX A ROTATION

La Toupie.

On sait en quoi consiste la toupie; c'est un corps de révolution en bois dur, aux formes élégantes, et que termine une forte pointe en fer. A l'aide d'une ficelle, on y fait une série de cercles superposés, et par un brusque mouvement, retenant la ficelle par le bout libre, on anime la toupie d'une rapide rotation sur elle-même.

L'art consiste, dans le lancement de la toupie, de bien atteindre un point déterminé, comme une autre toupie par exemple, et de lui faire décrire une courbe d'une certaine étendue afin qu'elle ne reste pas au point choqué.

On joue à la toupie de diverses façons, dont voici la plus usitée :

On trace sur le sol un grand cercle d'au moins un mètre de diamètre, et les joueurs y lancent leurs toupies. Tant que les toupies demeurent dans le cercle, on ne peut y toucher; mais toute toupie qui en sort peut être reprise par son propriétaire, refi-celée et lancée sur les autres. Il est dans les habi-tudes de mettre les toupies *mortes* en tas dans le cercle, où elles attendent d'en sortir par un choc.

Quelquefois, deux joueurs, armés chacun de sa toupie, se livrent un combat singulier; chacun tire à son tour sur l'autre, et c'est une grande gloire que de parvenir à briser la toupie de l'adversaire!

Le Moine.

L'un des joueurs lance sa toupie, les autres tirent sur elle. S'ils l'atteignent et l'arrêtent, elle est relancée de nouveau; si l'un des joueurs la manque, il est tenu de prendre sa toupie sur sa main et, avant qu'elle ne s'éteigne, de venir choquer l'autre. S'il ne peut y parvenir, c'est alors sur sa toupie que les autres joueurs tireront.

La Toupie d'Allemagne.

La *toupie d'Allemagne* est analogue à la toupie ordinaire; on la fait tourner avec une ficelle suivant les mêmes principes; mais elle est creuse et présente des trous grâce auxquels elle produit un ronflement sonore.

Le Sabot.

Le *sabot*, de forme plus massive et de moindre dimension que la toupie, est surtout un amusement des très petits enfants.

On le fait tenir verticalement dans la terre, en l'y imprimant légèrement, et à l'aide d'un fouet on lui communique une rotation qu'on accélère et qu'on entretient à l'aide de vigoureux coups de fouet.

Les petits enfants jouent à ce jeu en se proposant de faire tourner leur *sabot* plus longtemps que ceux de leurs camarades.

Le Toton.

Le toton est une sorte de petite toupie qu'on met en mouvement à l'aide des doigts, en pinçant vivement son axe à la partie supérieure.

Le toton présente en général six faces, numérotées de 1 à 6 et on y joue, chacun le manœuvrant à tour de rôle, à qui parviendra le premier à un total déterminé.

Le Toton-Piste.

Le *toton-piste* est représenté ci-contre.

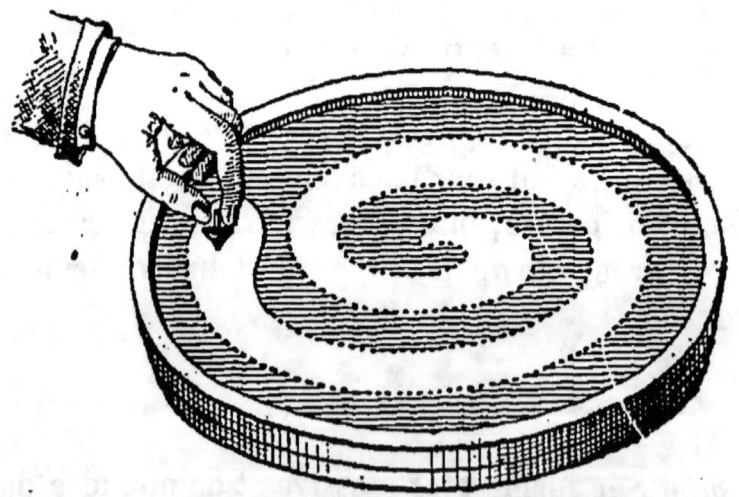

On fait marcher le toton et on s'ingénie, en obliquant plus ou moins le plateau, à lui faire parcourir le chemin tracé en colimaçon et que des trous bordent de part et d'autre. Le parcours porte des numéros d'autant plus élevés qu'ils sont plus près du centre.

Le gagnant est celui qui parvient à mener le *toton* dans un trou dont le numéro est le plus élevé.

L'Émigrette.

L'*émigrette*, comme son nom l'indique, a été inventée sous la Révolution. Elle est ainsi décrite dans la *Grande Encyclopédie :*

« L'émigrette est un jeu qui a été en vogue quelque temps. C'est un rond de bois ou d'ivoire ou d'écaille ou de métal creusé dans son pourtour, à une certaine profondeur, comme une poutre.

« Un bon cordonnet est attaché au centre de l'émigrette et, par une légère secousse, on fait enrouler ce cordon qui entre dans la rainure. L'habileté du joueur consiste à entretenir cet enroulement du cordonnet et à le tenir toujours en activité, malgré les tours qu'on fait faire à l'émigrette. »

Le Diable.

Le *diable*, qui nous vient de la Chine, est une sorte de double toupie d'Allemagne. On le met en action à l'aide d'une ficelle fixée par ses extrémités à deux bâtonnets que le joueur tient, un dans chaque main.

On anime le diable d'une rotation de plus en plus grande, en tirant alternativement sur l'un ou l'autre bâtonnet, puis, lorsque la rotation a acquis un degré suffisant, on lance le diable en l'air pour le recevoir sur la ficelle et le relancer de nouveau.

Cette manœuvre exige une grande adresse. Il est bon de ne faire marcher le diable que dehors, sinon on risquerait de tout casser dans les appartements.

DIVERS

Les Jonchets.

Jeu d'habileté et d'adresse.

Le matériel comporte une cinquantaine de jonchets ordinaires, parmi lesquels trois sont plus importants que les autres et portent les noms de *roi*, de *reine* et de *cavalier*, plus un jonchet à extrémité recourbée. On jette les jonchets en tas sur une table et il s'agit, armé du jonchet recourbé, d'enlever le plus possible de pièces sans qu'il se produise le moindre mouvement dans la masse.

On peut jouer plusieurs personnes à ce jeu ; chacune d'elles jouant à tour de rôle. Le gagnant est le joueur qui parvient à atteindre le total de points le plus élevé et, pour établir ce total, on convient que les jonchets ordinaires comptent pour 1, le cavalier pour 5, la reine pour 10 et le roi pour 20.

Le Cerf-Volant.

Le *cerf-volant*, dont l'usage est immémorial, semble nous être venu de la Chine. En ce pays, de nos jours mêmes, on fait envoler dans les airs des cerfs-volants autrement plus compliqués et plus beaux que les nôtres.

C'est grâce au cerf-volant que Franklin a montré que l'orage était dû à l'électricité et a pu faire la découverte du paratonnerre.

Les cerfs-volants sont de différentes grandeurs; pour tous, il est nécessaire que l'angle de la ficelle avec le plan général soit bien calculé et que le poids de la queue ne soit ni trop fort, ni trop faible.

Quand le cerf-volant est bien lancé et a atteint la hauteur que lui permet le peloton de ficelle, on agrémente le jeu en lui *envoyant des coursiers*, sortes de petites cartes percées qui, en suivant la ficelle, s'élèvent rapidement jusqu'à lui.

Course à la Ficelle.

Autant de ficelles que de concurrents. Elles sont toutes de même longueur. Une de leurs extrémités est fixée à un mur, l'autre est entre les dents des concurrents.

A un signal donné, ceux-ci s'empressent de faire venir la ficelle dans leur bouche et le premier qui est arrivé au bout de la ficelle est proclamé vainqueur.

Cette course est très réjouissante en raison des grimaces auxquelles se livrent les concurrents.

La pièce enfarinée.

Une pièce de monnaie est déposée dans de la farine remplissant un vase à large ouverture. Les concurrents cherchent, chacun à son tour, à saisir ladite pièce avec la bouche. La pièce devient la propriété de celui qui y parvient. Quand on y renonce, on cède la place à un autre et on s'en retourne tout enfariné au milieu des rires de l'assistance.

La Mousse.

Ce jeu ancien se joue ainsi d'après la *Grande Encyclopédie* :

« Est un jeu d'exercice et même très vif, car en Italie, où il est fort commun, on y met beaucoup de chaleur et d'activité : il est fort simple et ne consiste qu'à ouvrir la main et puis à la fermer, en montrant un nombre de doigts levés ; et il faut deviner si ce nombre est pair ou impair. Il n'est question que de deviner vite et juste. Les dames le jouent encore quelquefois en Italie, mais il est aujourd'hui presque inconnu en France et ailleurs.

« On attribue l'invention de ce jeu à la belle Hélène. Il a été connu des Troyens, des Perses, des Grecs et des Romains. Cicéron en fait mention ; mais un trait d'histoire plus moderne concernant la mousse, c'est qu'un duc de Nevers, de la maison de Gozangue, ayant voulu, en 1604, établir un ordre dont il se déclara le grand maître et dont le grand cordon était jaune, il recommanda à ses chevaliers de jouer à la mousse, comme à un jeu noble, et qui était à la mode alors parmi la noblesse française. Sur la fin du siècle dernier, ce jeu était renvoyé dans l'antichambre ; et nous voyons dans une pièce du comédien Baron des pages et des laquais y jouer. »

La Canne.

Un jeu auquel on peut se livrer avec une canne est de la tenir en équilibre sur un doigt, dans la position verticale. Tout le monde commençant l'exercice au même moment, on proclame vainqueur celui qui garde sa canne le plus longtemps en équilibre.

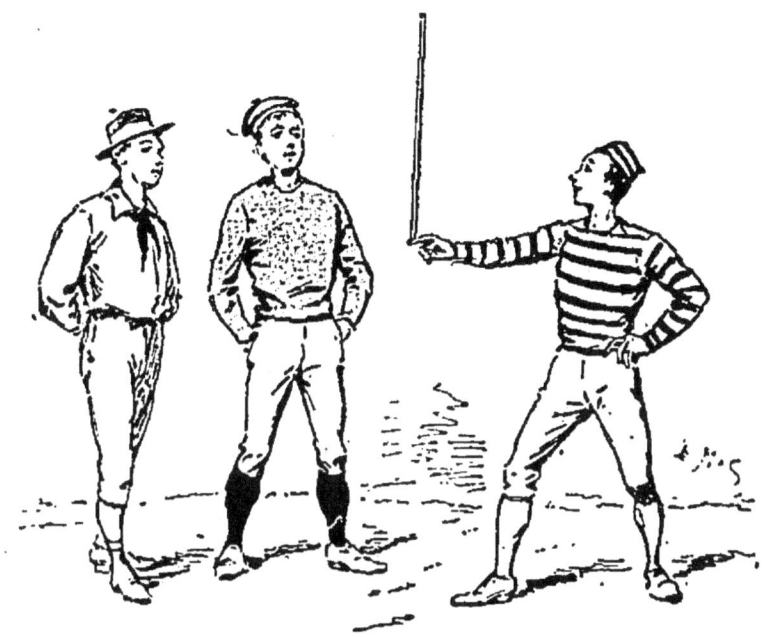

Quand on est arrivé à être d'une certaine force à ce jeu, on peut se proposer de changer la position de la canne, bout pour bout, en la lançant en l'air sans que l'équilibre cesse d'exister.

La Soupière.

Une soupière remplie d'eau est fixée à une planche percée d'un trou en son milieu; le tout est relié à l'aide de deux tringles à un axe horizontal pouvant tourner sur lui-même.

Les joûteurs, armés de lances, sont traînés dans des chars et, arrivés sous la soupière, tentent de mettre le bout de leur lance dans le trou de la planche. S'ils y réussissent, ils sont proclamés gagnants, sinon, ils reçoivent sur la tête l'eau de la soupière. Celle-ci est

remplie de nouveau et un autre concurrent tente
l'épreuve.

Le Pot d'eau.

Un pot rempli d'eau est suspendu en l'air par une
corde à une hauteur qu'on peut faire varier au moment décisif.

Un joûteur, armé d'un bâton, a les yeux bandés à
quelques mètres du pot. Puis on l'abandonne à lui-
même après lui avoir donné une bonne direction. Il
s'avance jusqu'à la distance qui lui paraît convenable,
puis sinon, il a le droit de donner successivement trois
coups de bâton. Il est gagnant s'il réussit à casser le
pot, sinon, il cède la place à un autre.

———

TABLE DES MATIÈRES

ÉVREUX, IMPRIMERIE DE CHARLES HÉRISSEY